RITA GUNKEL

Begrünen mit Kletterpflanzen

Fassaden, Pergolen, Rankgerüste

60 Farbfotos
22 Zeichnungen
8 Tabellen

VERLAG EUGEN ULMER
ÖSTERREICHISCHER AGRARVERLAG

Vorwort

Fassadenbegrünungen, Kletterpflanzen an Pergolen, Rankgerüsten oder Carports spielen eine zunehmende Rolle in unseren Gärten. Die Tendenz zu kleineren Grundstücken mit immer weniger Platz für üppige Pflanzenparadiese ist längst nicht mehr auf städtische Bereiche beschränkt. Auch in kleineren Ortschaften weisen die neuen Baugebiete Grundstücksgrößen auf, die den Eigentümern immer weniger Gestaltungsspielräume überlassen.
Begrünungen vertikaler Flächen können einen wesentlichen Beitrag für individuelle Gestaltungslösungen leisten. Darüber hinaus sind mit Fassadenbegrünungen günstige klimatische und wärmedämmende Wirkungen, Gebäudeschutz, Lärmschutz und Staubbindung verbunden. Ökologische Gesichtspunkte sind vor allem im städtischen Raum von Bedeutung, wo die Insekten- und Vogelwelt selbst auf eng begrenzte Rückzugsräume angewiesen ist. Nicht zuletzt bietet das Thema Sichtschutz den Kletterpflanzen, Rankern und Schlingern die Chance, verstärkt Einzug in unsere Gärten zu halten.
Dieses Buch soll dem Gartenbesitzer einen Überblick rund um das Thema „Kletternde Gärten" verschaffen. Dabei stehen gestalterische Gesichtspunkte und Hinweise zur praktischen Umsetzung im Vordergrund. Die Schwerpunkte liegen zum einen auf der baulichen Seite mit Konstruktionsbeispielen und Materialhinweisen für Klettergerüste, zum anderen werden verschiedene Aspekte der Pflanzenverwendung besprochen. Tabellenübersichten sollen einen systematischen Überblick über die Themen Pflanzenauswahl und spezielle Anforderungen an Klettergerüste geben. Zu möglichen Schäden durch Kletterpflanzen an der Fassade werden die wichtigsten Aspekte zusammengetragen.
Die vorgestellten Pflanzenarten und -sorten sind in Baumschulen, Gartencentern und z. T. in Spezialbaumschulen ohne größere Umstände erhältlich. Ein Bezugsquellennachweis befindet sich im Anhang.

Rita Gunkel
Schwarmstedt, im Juni 2000

Inhaltsverzeichnis

Pflanzenauswahl

UND STANDORTE

Eine Rankbegrünung kann durch ausdauernde Kletterpflanzen (z. B. Efeu) oder einjährige Kletterpflanzen (z. B. Duftwicke) erfolgen. Bei der Artenwahl stehen der Zierwert, die Wuchsstärke und die Standortbedingungen im Vordergrund der Überlegungen.

Anhaltswerte zur Wüchsigkeit

• schwach	durchschnittlich weniger als 50 cm Jahreszuwachs
• mittel	durchschnittlich 50 bis 100 cm Jahreszuwachs
• stark	durchschnittlich 100 bis 200 cm Jahreszuwachs
• sehr stark	durchschnittlich deutlich mehr als 200 cm Jahreszuwachs

Schling-Knöterich (*Fallopia aubertii*) im 2. Jahr nach der Pflanzung.

Auswahl nach dem Zierwert

Häufig werden die Pflanzen in erster Linie nach ihrem **Zierwert** ausgesucht: Eine auffällige Blüte, ein dekoratives Blatt oder eine schöne Herbstfärbung soll z. B. den Hauseingang betonen, eine kahle Wand aufwerten oder eine Pergola in einen interessanten Blickpunkt verwandeln.

Auswahl nach der Wuchsstärke

Sehr oft steht ein schnelles, üppiges Wachstum an erster Stelle der gewünschten Eigenschaften. Nicht anders lässt es sich erklären, dass der Schling-Knöterich immer noch zu den bekanntesten und am häufigsten gepflanzten Klettergehölzen gehört. Er weist schon in den ersten Jahren einen beachtlichen Zuwachs auf, wird dann aber aufgrund seines fast unkontrollierbaren Wachstums sehr bald lästig und ist für die meisten Standorte im Hausgarten nicht geeignet. Um auf längere Sicht ein befriedigendes Ergebnis zu erreichen, ist also die Wuchsstärke ein entscheidendes Kriterium bei der Pflanzenauswahl. Dabei ist es wichtig zu wissen, dass einige Kletterpflanzen wie Efeu, Kletterhortensie und Pfeifenwinde in den ersten Jahren nur sehr langsam wachsen. In späteren Jahren gehören sie dann zu den üppigsten Vertretern der Kletterpflanzen.

Das vorliegende Buch macht Angaben zur Wüchsigkeit und zu den Wuchshöhen für die einzelnen Pflanzenarten. Dabei können nur Anhaltswerte für mittlere, an die jeweiligen Ansprüche der Arten angepasste, Verhältnisse gegeben werden.

Standortansprüche

Bei jeder Pflanzung sind die **Standortansprüche** der Pflanzenarten zu berücksichtigen. Hinsichtlich der **Lichtverhältnisse** wird in der Regel zwischen sonnigen, halbschattigen und schattigen Standorten unterschieden. Die nebenstehende Übersicht gibt dafür einige grobe Anhaltspunkte. Ein typischer halbschattiger Standort ist auch dann gegeben, wenn eine Pflanzung über viele Stunden am Tag indirekt Sonne bekommt, z. B. durch eine lockere Laubgehölzpflanzung hindurch.
Einige Pflanzen sind besonders auf **geschützte Standorte** angewiesen. Hier bilden der Winterhärtegrad der Art und die Windbelastung am Standort die einschränkenden Faktoren.
Als optimale **Bodenverhältnisse** sollten grundsätzlich gut nährstoffversorgte, frische, nicht staunasse, humose Gartenböden angestrebt werden. Die Einstufung „frisch" bezieht sich auf den Feuchtegehalt des Bodens: „frisch" steht als Zwischenstufe zwischen „trocken" und „feucht". Gute Gartenböden weisen eine dunkle Farbe und eine krümelige Struktur auf. Oftmals wird man, gerade an hausnahen Standorten, nur sehr viel schlechtere Bedingungen vorfinden. Bodenverbessernde Maßnahmen bei der Pflanzung und als dauerhafte Pflege sind deshalb notwendig (siehe Seite 86).
Ebenso darf, gerade bei Fassadenbegrünungen, eine ausreichende **Wasserversorgung** nicht vergessen werden. Pflanzen im Regenschatten von Gebäuden oder unter Dachüberständen sind besonders austrocknungsgefährdet.

Sonnenzeiten

- **sonniger Standort:** etwa 7 Stunden und länger direkte Sonne im Sommer
- **halbschattiger Standort:** etwa 3 bis 5 Stunden direkte Sonne im Sommer
- **schattiger Standort:** etwa bis 3 Stunden direkte Sonne im Sommer

Abstimmung Kletterform und Kletterhilfe

Für erfolgreiche Begrünungen ist es weiterhin unbedingt notwendig, **Material** und **Konstruktion** der Fassaden und Gerüste mit der Pflanzenauswahl abzustimmen. Nicht jede Wand oder Pergola eignet sich für jede Kletterpflanze. Ausführliche Informationen hierzu enthält das nächste Kapitel.

Kletterer, Schlinger

UND RANKER

Allen Kletterpflanzen ist gemeinsam, dass sie zum aufrechten Wachstum eine Stütze benötigen. Unter botanischen Gesichtspunkten lassen sie sich in verschiedene Gruppen einteilen, womit wichtige Hinweise auf ihre Verwendungsmöglichkeiten gegeben werden. Eine erste, grobe Einteilung nach der Kletterform unterscheidet die Selbstklimmer und die Gerüstkletterer.

Die Selbstklimmer benötigen in der Regel keine zusätzlichen Kletterhilfen; mit speziellen Haftorganen klettern sie an einer Wand empor. Die Gerüstkletterer benötigen ein Gerüst, das – je nach Pflanzenart – bestimmte Anforderungen erfüllen muss. Hier sind die unterschiedlichen **Kletterformen** (Ranker, Schlinger, Spreizklimmer) zu berücksichtigen, um den Pflanzen ein selbstständiges Festhalten zu ermöglichen.

Kurzlebige und langlebige Arten

Weiterhin wird die Gruppe der Kletterpflanzen nach ihrer Dauerhaftigkeit unterschieden. Die **ausdauernden Arten** können viele Jahre und Jahrzehnte alt werden. Die **Einjährigen** überdauern nur eine Gartensaison. Naturgemäß werden die einjährigen Kletterpflanzen bevorzugt für kleine Flächen, leichte Konstruktionen und Balkons verwendet. Hier bietet es sich besonders an, verschiedene Arten auszuprobieren, da man sich jedes Jahr wieder neu entscheiden kann. Der weit überwiegende Teil der ausdauernden Kletterpflanzen gehört zu den **Gehölzen**, also den Pflanzen, die verholztes Gewebe ausbilden. Als **Stauden** – in unseren Breiten winterharte, mehrjährige, krautige Pflanzen – sind vor allem der Hopfen (*Humulus lupulus*) und die Stauden-Wicke (*Lathyrus latifolius*) von gärtnerischer Bedeutung.

Die Glockenrebe (*Cobaea scandens*) wird zu den einjährigen Kletterpflanzen gezählt. Sie stammt aus dem mittelamerikanischen Raum und erfreut sich seit einigen Jahren zunehmender Beliebtheit.

Naturnahe Pflanzenverwendung

Unter dem Aspekt des naturnahen Gärtnerns besteht häufig der Wunsch, **heimische Arten** zu verwenden. Hierdurch können der heimischen Tierwelt – vor allem den Insekten – zusätzliche Lebensräume im Garten angeboten werden. Als heimische Kletterpflanzen sind vor allem die wilde Clematis (*Clematis vitalba*), der Efeu (*Hedera helix*), der Hopfen (*Humulus lupulus*) und das Waldgeißblatt (*Lonicera periclymenum*) zu nennen. Der Wilde Wein (*Parthenocissus quinquefolia*), auch Jungfernrebe genannt, gehört inzwischen als „Neubürger" zur heimischen Pflanzenwelt. Er wurde im 17. Jahrhundert aus Nordamerika als Zierpflanze eingeführt, hat sich selbstständig verbreitet und in-

zwischen in den Auwäldern Mitteleuropas etabliert.
Die Naturstandorte der heimischen Kletterpflanzen geben uns wichtige Hinweise auf Wuchsverhalten und Standortwünsche auch der züchterisch bearbeiteten Formen. Überwiegend an Waldrändern und in Auwäldern beheimatet, haben sich die Pflanzen an halbschattige Standorte mit mittlerer bis guter Wasser- und Nährstoffversorgung angepasst. Das typische Wuchsbild zum Beispiel eines Geißblattes – unten kahl und oben üppig belaubt – resultiert aus der Notwendigkeit, die lichtreicheren Zonen des Stützgehölzes möglichst effektiv zu nutzen.

Kletterformen und Anforderungen an die Kletterhilfen

Als Kletterformen werden bei den Gerüstkletterern die **Schlinger, Blattstielranker, Blattranker, Sprossranker** und **Spreizklimmer** sowie bei den Selbstklimmern die **Wurzelkletterer** und **Haftscheibenranker** unterschieden. Um den Begrünungserfolg dauerhaft sicherzustellen, sind diese Klettereigenschaften bei der Auswahl der Klettergerüste zu berücksichtigen bzw. geeignete Untergründe für die Selbstklimmer zur Verfügung zu stellen. Nachfolgend werden die wesentlichen Aspekte dieser Gruppen zusammengetragen. Detaillierte Angaben bezogen auf die einzelnen Pflanzengattungen befinden sich auf den Seiten 42–45.

Schlinger

Zu den bekannten Schlingern gehören die Geißblätter (*Lonicera*), der Blauregen (*Wisteria sinensis*), die Prunkwinde (*Ipomoea*) und der Schling-Knöterich (*Fallopia aubertii*). Die „Winder“, wie sie auch genannt werden, bilden keine eigenen Kletterorgane aus. Sie umschlingen mit ihren jungen Trieben Stäbe, Drähte oder andere Stützen und bewegen sich auf

Schlinger (hier: Hopfen) bevorzugen Latten, Stäbe, weitmaschige Gitter, Schräggitter, Spanndrähte und Seile als Kletterhilfen.

Ein Blauregen (*Wisteria sinensis*) zur Blütezeit gehört zu den eindrucksvollsten Gartenbildern, die wir kennen. Als Unterpflanzung dient hier der Blaustern (*Scilla*).

diese Weise nach oben. Es werden senkrecht verlaufende Kletterhilfen bevorzugt, wobei Querverbindungen als Abrutschsicherungen sinnvoll sein können. An Stäben und Schnüren mit Neigungen flacher als 45 Grad nimmt die Schlingbereitschaft ab; waagerechte Stützen werden nur in Ausnahmefällen selbstständig umwunden (Schling-Knöterich). Gegebenenfalls müssen die Triebe geleitet und festgebunden werden.

Ranker

Zur Gruppe der Ranker gehören die Blattstielranker, die Blattranker und die Sprossranker. Es werden jeweils spezielle Greif- und Halteorgane ausgebildet, mit denen sich die Pflanzen festhalten. Bei den **Blattstielrankern** sind es die Blattstiele, die auf einen Kontaktreiz hin geeignete Stützen umfassen. Die bekanntesten Vertreter der Blattstielranker sind die Waldreben (*Clematis*). Den **Blattrankern** stehen umgewandelte Blätter oder Blattteile als Rankorgane zur Verfügung. Zu dieser Rankform zählen vor allem einjährige Kletterpflanzen wie Duftwicke (*Lathyrus odoratus*) und Glockenrebe (*Cobaea scandens*). Die **Sprossranker** halten sich mit umgewandelten Blütenständen fest. Hierzu gehören der Echte Wein (*Vitis vinifera*) und der Scharlach-Wein (*Vitis coignetiae*).

Ein freistehendes Drahtgitter im Halbschatten. Hier fühlt sich *Clematis* 'Madame Julia Correvon' besonders wohl.

Ranker (hier: Blattstielranker/Clematis, Blattranker/Glockenrebe und Sprossranker/Echter Wein) bevorzugen Gittergerüste, Schnüre, Drähte, Stäbe und Maschendrahtzäune als Kletterhilfen.

An der Fassade werden Spreizklimmer (hier: Kletterrose) an waagerechten Konstruktionen wie Drahtbespannungen oder Lattenkonstruktionen gezogen. Freistehende Spaliere und Rosenbögen eignen sich besonders für Kletterrosen.

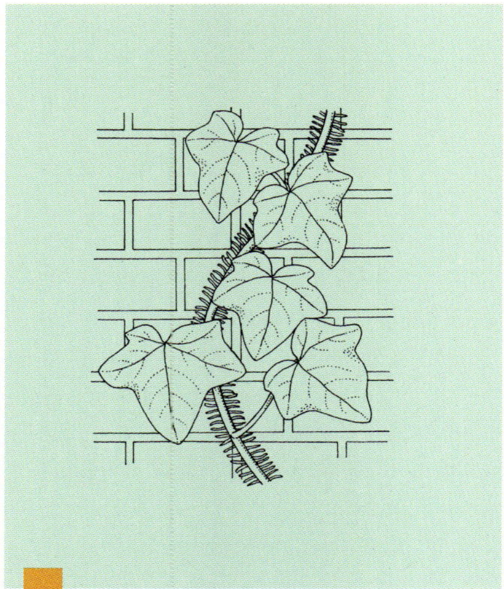

Für ein sicheres Haften der Wurzelkletterer (hier: Efeu) müssen die Oberflächen bestimmte Anforderungen erfüllen.

Spreizklimmer

Die Kletterrose (*Rosa*), der Winter-Jasmin (*Jasminum nudiflorum*) und die Brombeere (*Rubus*) gehören zu den so genannten Spreizklimmern. In der Natur klettern diese Arten durch Einflechten ihrer langen Triebe in andere Gehölze, unterstützt durch Stacheln, Borsten, Dornen oder quer stehende Seitenzweige. An Fassadengerüsten oder freistehenden Kletterelementen müssen Spreizklimmer in der Regel festgebunden werden. Oftmals ist ein Aufleiten zwischen Wand und Gerüst zweckmäßig und unproblematisch zu bewerkstelligen.

Wurzelkletterer

Die wohl bekannteste Kletterpflanze in unseren Breitengraden – der Efeu – gehört zu den Wurzelkletterern. Als weitere Arten sind die Kletter-Hortensie (*Hydrangea petiolaris*), die Kletterspindel (*Euonymus-fortunei*-Sorten) und die Trompetenblume (*Campsis radicans*) zu nennen.

Die Vertreter dieser Klettergruppe halten sich mit speziellen Haftwurzeln an ihrer Unterlage fest. Sie benötigen in der Regel kein zusätzliches Klettergerüst. Es sind jedoch bestimmte Anforderungen an die Fassadenoberflächen bzw. Kletterwände zu erfül-

Die Kletter-Hortensie (*Hydrangea petiolaris*) gehört zu den zuverlässig haftenden Selbstklimmern. Auch in schattigen Lagen ist eine reiche Blüte zu erwarten.

len, um ein sicheres Haften zu gewährleisten. Dunkle Untergründe, die ein Mindestmaß an Feuchtigkeit halten können und dementsprechend eine gewisse Rauigkeit aufweisen, werden bevorzugt. Die Haftwurzeln verhalten sich lichtfliehend, das heißt sie bilden sich an der lichtabgewandten Seite der Sprosse, orientieren sich in Richtung Schatten und dringen in die Poren des Untergrundes ein. In feinsten und auch größeren Poren oder Fehlstellen des Untergrundes verankern sich die Haftwurzeln mit Hilfe ihrer „Wurzelhaare". Nach Verankerung verkorken die Haftwurzeln und sterben ab. Treffen sie jedoch auf Ritzen, in denen sich mehr Feuchtigkeit hält, werden die Haftwurzeln zu Erdwurzeln. Sie wachsen weiter und vergrößern Risse und Spalten. Hierin liegt das Risiko vor allem des Efeus begründet, zu Schäden an Fassadenoberflächen beizutragen.

In leuchtend roter Herbstfärbung zeigt sich der Wilde Wein (hier: *Parthenocissus tricuspidata*) von seiner schönsten Seite.

Für einige Sorten der Kletterspindel (*Euonymus-fortunei*-Sorten) und für die Trompetenblume (*Campsis radicans*) werden Kletterhilfen empfohlen, obwohl diese Pflanzen auch zu den Wurzelkletterern gehören. Bei den Kletterspindeln ist das Haftvermögen unterschiedlich stark ausgeprägt (siehe Tabelle Seite 42); die Trompetenblume benötigt aufgrund ihres Eigengewichts eine Unterstützung. Bei Efeu ist zu berücksichtigen, dass ganz unterschiedliche Sorten auf dem Markt sind, deren Neigung zum Klettern auch unterschiedlich ausgeprägt ist. Die ursprüngliche Form *Hedera helix* haftet zuverlässig.

Haftscheibenranker

Als Haftscheibenranker sind in unserem Klimabereich nur die Wilden Weine (*Parthenocissus*-Arten) von Bedeutung. Eine andere gängige, deutsche Bezeichnung für diese Gattung

ist „Jungfernrebe". Botanisch gesehen sind die Haftscheibenranker Unterformen der Sprossranker. An den Rankenenden bilden sich kleine Scheibchen, die bei Berührung mit dem Untergrund eine Art Kleber ausscheiden. Bei ausreichender Rauigkeit der Oberfläche kommt es dann zu Gewebewucherungen bis in die feinsten Unebenheiten hinein. Durch diese Verzahnungen wird eine hervorragende Haftung der Pflanzen hergestellt.
Im Gegensatz zu den Wurzelkletterern kommen die Haftscheibenranker auch mit sehr hellen Fassadenoberflächen gut zurecht.
Da der Wilde Wein als einziger Vertreter der Haftscheibenranker von großer gärtnerischer Bedeutung ist, sollen die nachfolgenden Erläuterungen etwas Licht in das Bezeichnungswirrwarr der Arten und Sorten bringen. Gerade beim Wilden Wein ist es wichtig, Arten und Sorten auseinander zu halten, da das Haftvermögen unterschiedlich stark ausgeprägt ist. Am zuverlässigsten haften die Sorten des Dreilappigen Wilden Weins (*Parthenocissus tricuspidata*), wobei größtenteils die Sorte 'Veitchii' im Handel angeboten wird.
Der ebenfalls sehr bekannte Fünfblättrige Wilde Wein ist häufig als *Parthenocissus quinquefolia* var. *engelmannii* erhältlich und in dieser Form auch als zuverlässig haftend einzustufen. Verwirrungen treten auf, wenn der Fünfblättrige Wilde Wein ohne Sortenbezeichnung angeboten wird. Hier handelt es sich dann meistens richtigerweise um *Parthenocissus inserta*. Diese Art haftet unzuverlässig und kann auf Dauer nur als Gerüstkletterpflanze (Sprossranker) gehalten werden. Gittergerüste mit einem Profildurchmesser von bis zu 2 cm eignen sich am besten.
Der echte Fünfblättrige Wilde Wein (*Parthenocissus quinquefolia*) ist an der Ausbildung seiner Rankästchen zu erkennen. Es sind jeweils 5 bis 8, z. T. bis 12 Verzweigungen vorhanden; die Gesamtlänge einer Ranke beträgt 3 bis 7 cm. *Parthenocissus inserta* hat dagegen 2 bis 5 Rankästchen, die Rankenlängen betragen 10 bis 18 cm.

Haftscheibenranker (hier: Dreilappiger Wilder Wein) haben weniger Ansprüche an eine Fassadenoberfläche als Wurzelkletterer.

Die Geißblätter (*Lonicera*) zählen zu den ausdauernden Klettergehölzen. Aus vorhandenem Holz treiben sie jedes Jahr wieder neu aus.

Ausdauernde Kletterpflanzen

Als „ausdauernd" werden Pflanzen bezeichnet, die in unseren Klimazonen mehr als zwei Vegetationsperioden überdauern und in der Regel keinen besonderen Winterschutz benötigen. Die bei uns kultivierten Kletterpflanzen gehören überwiegend zu den ausdauernden Arten, die wiederum fast ausschließlich den **Gehölzen** zuzuordnen sind. An ihren verholzten Trieben bilden sie jedes Jahr wieder neue Blätter aus; sie müssen also nicht turnusmäßig bis zum Erdboden zurückgeschnitten werden. Als **immergrüne** Vertreter unter den Klettergehölzen sind vor allem der Efeu (*Hedera helix*), das Immergrüne Geißblatt (*Lonicera henryi*) und die Kletterspindel (*Euonymus-fortunei*-Sorten) von Bedeutung.

Die zweite, wesentlich schwächer vertretene Gruppe der ausdauernden Kletterpflanzen bilden die kletternden **Stauden**. Hier sind vor allem der Hopfen (*Humulus lupulus*) und die Stauden-Wicke (*Lathyrus latifolius*) in unseren Gärten vertreten. Grundsätzlich werden Stauden – so auch diese beiden – spätestens Ende Februar bis zum Erdboden zurückgeschnitten. Die Pflanzen bauen sich jedes Jahr wieder neu auf, wobei einige Arten – bei den Kletterstauden besonders der Hopfen – sehr hohe Wuchsleistungen vollbringen.

Für einige ausdauernde Klettergehölze ist ein zögerndes Jugendwachstum ausgesprochen typisch. Bei Efeu (*Hedera helix*), Kletter-Hortensie (*Hydrangea petiolaris*), Pfeifenwinde (*Aristolochia macrophylla*) und Trompeten-Geißblatt (*Lonicera × brownii* 'Dropmore Scarlet') muss man einige Jahre Geduld beweisen, bevor sich

Auf Starkwucherer verzichten

Schling-Knöterich (*Fallopia aubertii*) und Gemeine Waldrebe (*Clematis vitalba*) wuchern derart stark, dass sie für normale Dimensionen im Hausgarten nicht geeignet sind. Beide könnten aber z. B. ein altes Stallgebäude überwuchern.

Tab. 1. Ausdauernde Kletterpflanzen – Artenübersicht mit Auswahlkriterien

Botanischer Name/ Deutscher Name	Kletter-form	Wuchs-stärke/ Wuchshöhe	Standort	Zierwirkungen	Blütezeit/ Blüten-farbe	giftig/ teil-weise giftig
Actinidia arguta Kiwi, Gelber Strahlengriffel	Schlinger	stark 6–8 m	○ – ◐	❀ ❧	V–VI weiß	
Actinidia chinensis Echte Kiwi	Schlinger	sehr stark 8–10 m	○ – ◐ M)	❀ ❧	V–VI weiß	
Actinidia kolomikta Kiwi, Rosa Strahlengriffel	Schlinger	mittel 3–6 m	○ – ◐	♠		
Akebia quinata Klettergurke	Schlinger	stark 5–8 m	○ – ◐	❀	IV–V violett	
Aristolochia macrophylla Pfeifenwinde	Schlinger	stark 8–10 m	◐ – ● R)	♠		X
Campsis radicans Trompetenblume	Wurzel-kletterer	stark 8–10 m	○ M)	❀	VII–IX orange	
Celastrus orbiculatus Baumwürger	Schlinger	stark 12–14 m	○ – ◐ R)	❧ ❖		X
Clematis alpina Alpen-Waldrebe	Blattstiel-ranker	schwach 2–3 m	◐ – ●	❀	V–VI blau	X
Clematis × jackmanii Jackman's Waldrebe	Blattstiel-ranker	mittel bis stark 3–4 m	○ – ●	❀	VII–IX violett	X
Clematis montana 'Rubens' Anemonen-Waldrebe	Blattstiel-ranker	sehr stark 8–10 m	○ – ●	❀	V–VI rosa	X
Clematis tangutica Mongolische Waldrebe	Blattstiel-ranker	mittel 4–5 m	○ – ◐ R)	❀ ❧	VI–IX gelb	X
Clematis vitalba Gemeine Waldrebe	Blattstiel-ranker	sehr stark 10–15 m	○ – ●	❀ ❧	VII–IX weiß	X
Clematis viticella Italienische Waldrebe	Blattstiel-ranker	mittel bis stark 3–4 m	○ – ◐	❀	VIII–X rotviolett	X
Clematis, großblumige Hybriden Großblumige Waldreben	Blattstiel-ranker	schwach bis stark 2–5 m	○ – ◐ M)	❀	Zeiten und Farben sorten-abhängig	X

Tab. 1. Ausdauernde Kletterpflanzen – Artenübersicht mit Auswahlkriterien (Fortsetzung)						
Botanischer Name/ Deutscher Name	Kletter-form	Wuchs-stärke/ Wuchshöhe	Standort	Zierwirkungen	Blütezeit/ Blüten-farbe	giftig/ teil-weise giftig
Euonymus fortunei **Kletterspindel**, Spindel-strauch	Wurzel-kletterer[1]	schwach 1–3 m	◐ – ●	♠ Laub wintergrün		X
Fallopia aubertii **Schling-Knöterich**	Schlinger	sehr stark 8–15 m	○ – ◐	❀	VII–X weiß	
Hedera helix **Efeu**	Wurzel-kletterer[1]	stark 20–25 m	◐ – ●	♠ Laub wintergrün		X
Humulus lupulus **Hopfen**	Schlinger	sehr stark 6–8 m	○ – ◐	❀ ❧	VII–VIII grün	
Hydrangea petiolaris **Kletter-Hortensie**	Wurzel-kletterer[1]	mittel 7–10 m	◐ – ● R)	❀	VI–VII weiß	
Jasminum nudiflorum **Winter-Jasmin**	Spreiz-klimmer	mittel 2–3 m	○ – ◐ M)	❀	I–IV gelb	
Lathyrus latifolius **Stauden-Wicke**	Blatt-ranker	stark 2 m	○ – ◐	❀	VI–VIII rosa	
Lonicera × brownii 'Dropmore Scarlet' **Trompeten-Geißblatt**	Schlinger	schwach 3–4 m	○ – ◐ M)	❀ ❧ ♠	VI–X orange	X
Lonicera × heckrottii **Feuer-Geißblatt**	Schlinger	schwach bis mittel 3–4 m	○ – ◐	❀ ❧	VI–IX gelb	X
Lonicera henryi **Immergrünes Geißblatt**	Schlinger	stark 5–8 m	○ – ◐	❀ ❧ Laub wintergrün	VI–IX gelbrot	X
Lonicera periclymenum **Wald-Geißblatt**, Jelängerje-lieber	Schlinger	mittel 3–4 m	○ – ◐ R)	❀ ❧	V–VI gelbweiß	X
Lonicera × tellmanniana **Gold-Geißblatt**	Schlinger	stark 5–6 m	○ – ◐ M)	❀ ❧	VI–IX orange	X
Parthenocissus quin-quefolia var. *engelmannii* **Fünfblättriger Wilder Wein**	Haft-scheiben-ranker[1]	stark 10–15 m	○ – ● R)	❧ ❖		

Tab. 1. Ausdauernde Kletterpflanzen – Artenübersicht mit Auswahlkriterien (Fortsetzung)

Botanischer Name/ Deutscher Name	Kletterform	Wuchsstärke/ Wuchshöhe	Standort	Zierwirkungen	Blütezeit/ Blütenfarbe	giftig/ teilweise giftig
Parthenocissus tricuspidata 'Veitchii' **Dreilappiger Wilder Wein**	Haftscheibenranker1)	stark 15–20 m	○ – ◐ R)	❧ ❖		
Rosa, kletternde Sorten **Kletterrose**	Spreizklimmer	mittel bis sehr stark 2–6 m	○ – ◐	❀	Zeiten und Farben sortenabhängig	
Rubus-Arten **Kletterbrombeere**	Spreizklimmer	mittel bis stark 2–3 m	○ – ●	❀ ❖ Laub z. T. wintergrün	VII weiß	
Vitis coignetiae **Scharlach-Wein**	Sprossranker	stark 8–12 m	○ – ◐	❧ ♠ ❖		
Vitis vinifera **Weinrebe,** Echter Wein	Sprossranker	stark 8–10 m	○ – ◐ M)	❧		
Wisteria sinensis **Blauregen,** Glyzine	Schlinger	sehr stark 8–30 m	○ M)	❀	V–VII hellviolett	X

Standort:
- ○ Sonne
- ◐ Halbschatten
- ● Schatten
- M) Für milde Klimabereiche bzw. geschützte Standorte
- R) Auch in rauen Lagen möglich; ausgesprochen winterhart

Zierwirkungen:
- ❀ Blüte
- ❧ Frucht
- ♠ Blatt
- ❖ Herbstfärbung
- 1) Selbstklimmer ohne Kletterhilfe

das normale Wachstum einstellt. Ein ausgesprochen kräftiges Jugendwachstum zeigen der Schling-Knöterich (*Fallopia aubertii*) und – bei den so beliebten Waldreben – die Anemonen-Waldrebe (*Clematis montana*). Letztere ist überwiegend als *Clematis montana* 'Rubens' im Handel. Vor dem Schling-Knöterich muss aufgrund seiner erdrückenden Wuchskraft gewarnt werden.

Die nebenstehende Tabelle gibt einen Überblick über die in Baumschulen und Gartencentern gut erhältlichen, ausdauernden Kletterpflanzen. Es werden die wesentlichen Auswahlkri-

Am Hauseingang kommt eine Kletterrose besonders gut zur Geltung.

terien aufgeführt und ein direkter Vergleich der Pflanzenarten ist möglich. Allgemeine Erläuterungen zu den Punkten **Wuchsstärke** sowie **Licht- und Bodenansprüche** sind unter „Pflanzenauswahl und Standorte“, auf Seite 7 zu finden. Detaillierte Angaben zu den empfehlenswerten **Kletterhilfen** finden sich auf Seite 45.

Auffällige Schönheiten – Kletterrosen und Clematis

Zu den Kletterpflanzen mit der schönsten Zierwirkung gehören die Kletterrosen und die Clematis. Sie haben eine lange Tradition in unseren Gärten und sind in einer fast unübersehbaren Anzahl von Arten und Sorten erhältlich. Hier bietet es sich oftmals an, Pflanzen über eine Spezialbaumschule zu beziehen, wenn man bestimmte, nicht so gängige Sorten erwerben möchte. Adressen hierzu befinden sich im Anhang. Nachfolgend sollen die wichtigsten Aspekte zu Kletterrosen und Clematis für den Hausgartenbereich zusammengetragen werden. Auf den Seiten 26/27 und 31–33 werden bekannte und bewährte Arten und Sorten vorgestellt.

Kletterrosen

Die Kletterrosen gehören zu den anspruchsvollen und relativ pflegeaufwendigen Pflanzen. Deshalb ist es besonders wichtig, möglichst optimale Bedingungen zu schaffen und weitgehend robuste Sorten auszuwählen.

Der optimale Rosenstandort

- **sonnig**

  Zumindest einige Stunden am Tag sollte direkte Sonne vorhanden sein. Rosen kümmern in schattigen Bereichen.
- **luftig**

  Rosen vertragen keine stehende Hitze. Dies ist vor allem für die Kletterrosen relevant, da sie an Südfassaden mit erhöhter Krankheits- und Schädlingsanfälligkeit reagieren. Eine Kletterrose am Rosenbogen in voller Sonne fühlt sich dagegen sehr wohl, allerdings darf der Standort nicht sehr zugig sein.
- **gut nährstoffversorgt**

  Der Boden sollte tiefgründig, locker, humos und nährstoffreich sein. Ideal sind lehmige, jedoch nicht zu schwere Böden. Rosen nehmen Staunässe besonders übel.

Neben der wohlüberlegten Wahl des Rosenstandortes ist für alle Rosen eine sorgfältige Pflege notwendig.

Rosendüngung

Für alle Rosen werden Düngungen zwei- bis dreimal jährlich ab dem zweiten Standjahr empfohlen. Die erste Düngung erfolgt zum Austrieb, die zweite zur Förderung des zweiten Triebes. Der Zeitpunkt dieser zweiten Düngung ist abhängig von der Dünge-

Tipp zur Rosenpflanzung

Es hat sich bewährt, Komposterde oder verrotteten Stallmist unterzugraben. Leichte Böden werden mit einem Eimer Lehm je Pflanze aufgebessert.

Die traditionelle Kombination, rosafarbene Rose und blauer Rittersporn, wirkt auch an dieser Stelle sehr harmonisch.

art – organisch, mineralisch oder organisch-mineralisch kombiniert –, da die Wirkungen an unterschiedliche Zeiträume gebunden sind und zum Herbst hin beendet sein müssen. Hier sollte man sich an die Empfehlungen der Hersteller halten. Im September kann eine weitere Düngung die Holzreife fördern. Es sind dann spezielle Kalidünger ohne Stickstoffanteile zu verwenden.
Unbedingt zu beachten ist die Tatsache, dass Kompostgaben nicht nur strukturverbessernd, sondern auch düngend wirken. Bei guten Ausgangsbedingungen und guter Entwicklung anspruchsloser Rosensorten kann dann eine zusätzliche mineralische Düngung entfallen. Für die meisten Sorten ist es jedoch notwendig, ein kräftiges Wachstum und eine üppige Blüte durch eine regelmäßige Düngung zu fördern.

Rosenwässerung
Rosen gehören zu den Tiefwurzlern. In Trockenperioden reichen ihre Wurzeln noch an feuchte Bodenschichten heran, wenn die meisten Stauden schon buchstäblich auf dem Trockenen sitzen. So ist es für Rosen sehr viel günstiger, alle zwei bis drei Tage durchdringend zu wässern als jeden Tag ein bisschen. Als Anhaltspunkt kann man von ein bis zwei Wassereimern je Exemplar ausgehen.

Rosenschnitt
An dieser Stelle geht es ausschließlich um die Kletterrosen, für die folgende Punkte zu beachten sind: Kletterrosen werden **nicht** jährlich um eine bestimmte Länge zurückgeschnitten. Die Pflanzen sollen sich als Klettergehölze entwickeln und in diese Entwicklung wird grundsätzlich erst einmal nicht eingegriffen. Die älteren, etwa vierjährigen Triebe werden regelmäßig entfernt, um einen kräftigen, blühfreudigen Zustand der gesamten Pflanze zu erhalten. Dieser Schnitt sollte Ende Februar/Anfang März erfolgen, wenn kein strenger Frost mehr zu erwarten ist. Zu diesem Zeitpunkt werden auch schwache, trockene, erfrorene oder ungünstig quer stehende Triebe entfernt. Ebenso kann ein Rückschnitt aus Platzgründen im frühen Frühjahr durchgeführt

werden. Sollte die Rose schon angefangen haben zu treiben, ist der Schnitt trotzdem möglich. Da die **einmalblühenden Kletterrosen** ihre Blütenanlagen am vorjährigen Holz bilden, sollte bei diesen ein starker Rückschnitt direkt nach der Blüte erfolgen, sofern dies z. B. aus Platzgründen notwendig ist. Ein starker Frühjahrsschnitt hätte Einbußen in der Blütenfülle zur Folge.
Sehr häufig stellt sich auch bei den Kletterrosen die Frage, ob abgeblühte Blüten entfernt werden sollten. Die Antwort fällt eindeutig aus. Bei Kletterrosensorten, die mehrmals im Jahr blühen, wie 'Golden Showers' oder 'Sympathie' fördert ein solcher Schnitt die Entwicklung neuer Knospen. Bei üppigem Wuchs der Pflanzen wird man diesen optimalen Pflegeschnitt jedoch nicht immer konsequent durchführen können.

Rosen-Schnittstellen in richtiger Höhe

Beim Entfernen **abgefrorener Triebe** muss der Schnitt bis ins gesunde Holz geführt werden. Zu erkennen ist dieses am weißen Mark; das erfrorene Holz enthält ein bräunliches Mark. Die Schnittstellen beim Entfernen der etwa **vierjährigen Triebe** sollten oberhalb der untersten Verzweigungen, also in Erdbodennähe angesetzt werden.

Winterschutz für Rosen

Das so genannte Anhäufeln der Rosen gehört zu den weit verbreiteten Grundkenntnissen über die Rosenpflege. Dabei wird ein kleiner, etwa 20 cm hoher Hügel aus anstehender Garten- oder Komposterde um die Pflanze herum angehäuft. Dieser schützt die Basis vor extremer Frosteinwirkung. Um die allmähliche Abhärtung der Rosen zu ermöglichen, sollte diese Pflegemaßnahme nicht vor November durchgeführt werden. Weniger weit verbreitet ist die Erkenntnis, dass die richtige Pflanzhöhe den besten Winterschutz für jede Rose bedeutet. Die Veredlungsstelle sollte etwa 5 cm unterhalb der Erdoberfläche liegen. So kann die Pflanze selbst nach völligem Zurückfrieren wieder neu austreiben. Sie wird sich dann kräftiger entwickeln als in den Vorjahren; aufgrund der längeren Vorlaufzeit wird sie jedoch später blühen.
Als Winterschutz für Kletterrosen wird weiterhin das Einbinden von Tannen- oder Fichtenreisig empfohlen. Hierdurch werden starke Temperaturschwankungen abgemildert, wie sie an sonnenreichen Spätwintertagen vorherrschen.

Krankheits- und Schädlingsvorsorge bei Rosen

Eine gewisse Neigung zu Krankheiten und Schädlingen ist bei den Kletterrosen ebenso festzustellen wie bei den anderen Rosengruppen. Dieses lässt sich zum einen damit erklären, dass viele der heute verwendeten Sorten auf Arten zurückgehen, die in unseren Klimazonen nicht heimisch sind. Oft können wir ihnen – trotz aller Bemühungen – die optimalen Bedingungen nicht bieten. Zum anderen

Tab. 2. Empfehlenswerte Kletterrosen

Grundfarbe	Sorte	Blüte	Duft	Wuchsstärke/ Wuchshöhe	Sonstiges
weiß	'Bobby James'	rahmweiß, gelbe Staubgefäße klein, einfach einmalblühend	zart bis intensiv	stark 4–6 m	an Wildrose erinnernd; wächst sehr breit
weiß	'Ilse Krohn Superior'	cremeweiß bis reinweiß groß, dicht gefüllt wiederholtblühend	intensiv	stark 2–3 m	Blüten edelrosenartig, etwas regenempfindlich
gelb	'Alchymist'	goldgelb, rot überhaucht groß, dicht gefüllt einmalblühend	zart	mittel bis stark 2–5 m	Blüten an alte Rosensorten erinnernd
gelb	'Golden Showers'	zitronen- bis goldgelb groß, locker gefüllt wiederholtblühend	zart	stark 2–3 m	frühblühend ab Anfang Juni; lange Stiele, daher gut für Sträuße geeignet; auch für leicht nach Norden ausgerichtete Wände
gelb	'Goldstern'	tief goldgelb groß, gut gefüllt wiederholtblühend	fehlt	mittel 2–3 m	Blüten sehr farbbeständig
rot	'Flammentanz'	johannisbeerrot, leuchtend mittelgroß, locker gefüllt einmalblühend	fehlt	stark 4–6 m	sehr frosthart; wächst sehr breit
rot	'Parkdirektor Riggers'	blutrot, leuchtend mittelgroß, halbgefüllt wiederholtblühend	fehlt	stark 3–4 m	Blüten sehr farbbeständig
rot	'Sympathie'	dunkelrot groß, leicht gefüllt wiederholtblühend	intensiv	stark 4–6 m	Blüten edelrosenartig; Verzweigung erst ab 2–3 m Höhe
rosa	'Coral Dawn'	lachskorallenrosa groß, locker gefüllt wiederholtblühend	zart	mittel 2–3 m	auch für leicht nach Norden ausgerichtete Wände
rosa	'Eden Rose'	zart bis kräftig rosa groß, sehr stark gefüllt wiederholtblühend	zart	mittel 1,2–1,5 m	„nostalgische" Strauchrose; sehr gut als Kletterrose an Zäunen
rosa	'New Dawn'	silbrigrosa bis fast weiß mittelgroß, locker gefüllt wiederholtblühend	zart	stark 3–4 (–6) m	weit verbeitete, sehr robuste Sorte; wächst sehr breit

Tab. 2. Empfehlenswerte Kletterrosen (Fortsetzung)

Grundfarbe	Sorte	Blüte	Duft	Wuchsstärke/ Wuchshöhe	Sonstiges
rosa	'Raubritter'	purpurrosa, hell bis kräftig klein, ballförmig, dicht gefüllt einmalblühend	kaum	mittel 2–3 m	als „nostalgische" Rose sehr in Mode gekommen; wegen Mehltauanfälligkeit eingeschränkt empfehlenswert
rosa	'Rosarium Uetersen'	tiefrosa groß, stark gefüllt wiederholtblühend	zart	mittel 2–3 m	Blüten sehr witterungsbeständig; Duft wildrosenartig; langsam kletternde Strauchrose

sind durch züchterische Arbeit robuste Eigenschaften verloren gegangen, weil bestimmte Zieraspekte, wie z. B. eine edel geformte Blüte, lange Zeit im Vordergrund der Bemühungen standen. Die beste Vorsorge gegen Krankheiten und Schädlinge besteht darin, die Standortbedingungen möglichst optimal zu gestalten und weitgehend robuste Sorten zu wählen. Stellen sich dennoch Krankheiten oder Schädlinge ein, wird man in manchen Fällen nicht auf eine chemische Behandlung verzichten können. Nähere Ausführungen hierzu sind der einschlägigen Fachliteratur zu entnehmen.

Clematis

Zur Gattung *Clematis* werden mehrere hundert Arten und Sorten gezählt, die ihre Ursprünge im europäischen, ostasiatischen und nordamerikanischen Raum haben. Ihre auffälligen Blüten sind seit je her Anreiz für die züchterische Arbeit. Hierbei stehen große

Die Sorte 'Nelly Moser' gehört zu den beliebtesten Clematis-Hybriden. Sie sollte halbschattig stehen; bei zu viel Sonne bleicht die Blütenfarbe aus.

Der optimale Clematis-Standort

- **sonnig bis halbschattig**
  Der Wurzelbereich sollte im kühlen Schatten, der Rest der Pflanze sonnig oder halbschattig stehen. An Mauern oder Fassaden kommen West- und Ostseiten in Frage. Brandheiße Südfassaden sind ebenso wenig geeignet wie kalte Nordseiten. An sonnigen Plätzen schafft man einen „beschatteten Fuß" durch eine Abdeckung mit Platten, Steinen oder Rindenmulch. Ebenso können bei der Pflanzung Stauden ergänzt werden, die für Kühle im Wurzelbereich sorgen.
- **luftig, nicht windexponiert**
  Ausreichend Luftbewegung ist notwendig, um der Entwicklung von Mehltau und anderen Krankheiten entgegenzuwirken. An stark windexponierten Standorten könnten die Pflanzen losgerissen werden und die zarten Blätter und Blüten einreißen.
- **gut wasser- und nährstoffversorgt**
  Clematis bevorzugen durchlässige, lockere, humose, nährstoffreiche und leicht alkalische, ausreichend frische Böden. Ideal sind lehmige, jedoch nicht zu schwere Böden. Der Säuregehalt sollte nicht unter pH 5,5 bis 6,0 liegen. Staunässe und sehr trockene Böden sind ungeeignet. Wegen der oberflächennahen Wurzeln sollte der Wurzelbereich nicht gehackt, sondern in Ruhe gelassen werden.
  Kompromisse hinsichtlich der Bodenqualität sind eher bei den Wildarten und kleinblumigen Hybriden als bei den großblumigen Sorten möglich.

Blüten, bestimmte Blütenfarben oder gefüllte Blüten im Mittelpunkt des Interesses. Die eigentliche deutsche Bezeichnung „Waldrebe" ist kaum mehr gebräuchlich.

Ebenso wie die Kletterrose, stellt die Clematis relativ hohe Ansprüche an ihren Standort.
Damit der Blattstielranker Clematis selbstständig rankt und nicht ständig geleitet und aufgebunden werden muss, sind bestimmte Anforderungen an die Kletterhilfen zu erfüllen (siehe Seiten 13 und 45).
Um die ersehnte Blütenpracht und auch dauerhaft gesunde Pflanzen zu erhalten, müssen bei Düngung, Wässerung und insbesondere beim Schnitt bestimmte Punkte berücksichtigt werden.

Clematisdüngung

Ab dem zweiten Standjahr werden Düngungen empfohlen, die etwa im Mai beginnen und sich – auf mehrere Gaben verteilt – bis zum frühen Herbst erstrecken können. Eine zu späte Düngung würde die Frosthärte beeinträchtigen. Der Abschluss des Triebwachstums muss rechtzeitig einsetzen.
Wie grundsätzlich bei jeder Düngung, ist die Menge von der Qualität des Bodens und der Art des Düngers abhängig. Ein nährstoffarmer Sandboden benötigt eine höhere Menge als ein Lehmboden, der von Natur aus nährstoffreicher ist. Organische Dünger, wie Stallmist, Komposterde, Hornmehl oder Blutmehl sind für Clematis sehr gut geeignet. Diese müssen jedoch erst durch die Bodenlebewesen in eine pflanzenverfügbare Form umgesetzt werden. Die Gefahr einer Überdüngung besteht hier nicht so

schnell wie bei mineralischem Dünger. Vor Verwendung solcher „Kunstdünger" sollte eine Bodenanalyse Aufschluss über den tatsächlichen Bedarf geben und der Anwender sich strikt an die Dosierungsempfehlungen halten.
Bei Verwendung von technisch aufbereitetem organischen Dünger, wie „Oscorna", „Nitralit" oder „Cuxin", besteht für Clematis der Nachteil, dass diese Mittel in den Boden eingearbeitet werden müssen. Ihr flachstreichendes Wurzelsystem darf bei diesen Arbeiten nicht beschädigt werden.

Clematiswässerung

Alle Clematisarten sind auf eine gleichmäßige Wasserversorgung angewiesen. Vor allem bei sandigen Böden, die Feuchtigkeit nur in geringem Maße halten können, ist ein regelmäßiges Wässern im Frühjahr und Sommer notwendig. Eine Mulchabdeckung, wie nebenstehend beschrieben, verhindert das rasche Austrocknen der Bodenoberfläche.

Clematisschnitt

Die Waldrebe wächst von Natur aus steil nach oben. Um eine seitliche Ausbreitung an der Kletterhilfe zu erreichen, ist schon bei der Pflanzung ein Schnitt notwendig. Wird im Herbst gepflanzt, erfolgt dieser Schnitt im darauf folgenden Nachwinter (Ende Februar/Anfang März). Der Pflanzschnitt wird für alle Clematisarten und -sorten empfohlen, um der so genannten Kopflastigkeit – unten kahl und oben stark belaubt – entgegenzuwirken.
Bei Clematis hat der Rückschnitt auch immer etwas mit der Blütenfülle zu tun. Sollte überhaupt, wie weit und wann muss geschnitten werden? Die Antworten fallen unterschiedlich aus, je nach Art und Sorte. So sollte z. B. *Clematis × jackmanii* im beginnenden Frühjahr kräftig zurückgeschnitten werden. Der Schnitt kann bis auf eine

Mulchabdeckung bei Clematis

Bei allen Clematispflanzen, deren Wurzelbereich nicht durch Steine oder eine dichte Bepflanzung abgedeckt ist, empfiehlt sich eine Mulchabdeckung. Diese kann aus Komposterde, Laub, Rindenkompost, Rindenmulch oder gut verrottetem Stallmist bestehen. Die Mulchdecke dient als Verdunstungsschutz, regt das Bodenleben an, wirkt düngend und schützt die Wurzeln im Winter.

Formierungsschnitt nach der Pflanzung

1. **Rückschnitt der Triebe bis auf die untersten Knospen.**
2. **Fächerung der neuen Triebe, sodass das Klettergerüst flächig eingegrünt wird.**
3. **Wiederholung des Pflanzschnittes im darauf folgenden Jahr, soweit noch keine befriedigende Verzweigung erreicht worden ist. Dabei müssen die untersten, aus dem ersten Schnitt resultierenden Verzweigungen erhalten bleiben.**
4. **Verteilung der jungen Triebe am Gerüst.**

Die gefülltblühende Sorte 'Vyvyan Pennell' bringt in ihrer Nachblüte einfache Blütenteller hervor.

Starker Rückschnitt möglich

Alle Clematisarten und -sorten vertragen einen starken Rückschnitt. Dieser kann notwendig werden:

- aus Platzgründen,
- bei abnehmender Blühfreudigkeit,
- bei nachlassendem Wachstum der Triebe,
- bei Kopflastigkeit.

Der Schnitt kann bis auf 30 bis 50 cm über dem Erdboden geführt werden. Die untersten Verzweigungen sollten stehen bleiben. Der richtige Zeitpunkt ist:

- bei den Mai-Juli-Blühenden direkt nach der Hauptblüte,
- bei den Juli-Oktober-Blühenden im März.

Höhe von 30 bis 50 cm über dem Erdboden geführt werden. Die beliebte Sorte 'Nelly Moser' dagegen ist behutsamer zu behandeln. Nach der ersten Blüte im Juni kürzt man die abgeblühten Seitentriebe und fördert damit ihre Nachblüte im September. Der Hintergrund für diese unterschiedlichen Anforderungen an den Schnitt liegt in dem Zeitpunkt des Blütenansatzes.
Einen Überblick über bewährte Clematisarten und -sorten mit Hinweisen zum **regelmäßigen Schnitt** bieten nachfolgende Tabellen.

Winterschutz für Clematis

Ein besonderer Winterschutz ist für die gängigen Clematisarten und -sorten nicht notwendig. Bei der **Pflanzung** sollte jedoch beachtet werden, dass der Wurzelansatz etwa 15 cm unterhalb der Erdoberfläche liegt. Dadurch werden die unteren Blattknospen geschützt. Diese können austreiben, sollten die oberirdischen Triebteile absterben.

Krankheits- und Schädlingsvorsorge bei Clematis

Die beste Vorsorge gegenüber Krankheiten, Schädlingen und Kümmerwuchs bieten ein zusagender Standort und eine artgerechte Pflege. Dennoch könnte die Clematiswelke auftreten, die einzige problematische Waldrebenkrankheit. Sie wird durch zwei Pilzarten verursacht, die die Wasserleitungsbahnen schädigen. Das plötzliche Absterben einzelner Zweigparti-

Tab. 3a. Clematis – Wildarten und kleinblumige Hybriden

Art/Sorte	Blütezeit/ Blütenfarbe	Wuchsstärke/ Wuchshöhe/ regelmäßiger Rückschnitt	Hinweise
Clematis alpina Alpen-Waldrebe	V–VI blauviolett	schwach 2–3 m ✂	zarttriebig; blüht auch im Schatten zuverlässig; sehr gut geeignet für Maschendrahtzäune; *C.-alpina*-Sorten auch in Blau, Weiß und Rosa
Clematis × jackmanii Jackman's Waldrebe	VII–X purpurviolett	mittel bis stark 3–4 m ✂ ✂	robuster Massenblüher; geeignet für alle Verwendungsbereiche
Clematis montana 'Rubens' Anemonen-Waldrebe	V–VI rosa	sehr stark 8–10 m ✂	attraktiver Massenblüher; benötigt viel Platz; weitere *C.-montana*-Sorten in Weiß, Rosa und Rosalila
Clematis tangutica Mongolische Waldrebe	VI–VII und IX–X gelb	mittel 4–5 m	zarttriebig; silbrig-fedrige Fruchtstände; bei vollsonnigem Standort reiche Blüte; verträgt Trockenheit; robust; sich selbst aussamend
Clematis vitalba Gemeine Waldrebe	VII–X weiß	sehr stark 10–12 (–15) m	silbrig-fedrige Fruchtstände; robust; nur bei ausreichendem Platz empfehlenswert; stark wuchernd und unkrautig aussamend; heimische Waldrebe
Clematis viticella Italienische Waldrebe	VII–IX purpurviolett	mittel bis stark 3–4 m	zarttriebig; auch für vollsonnige Standorte; robust; sich selbst aussamend; klein- und großblumige *C.-viticella*-Sorten in Weiß, Blau, Violett, Rosa und Rot

✂ Erfrorenes Holz wird gegebenenfalls im März entfernt. Schwache Triebe sollten nach der Hauptblüte weggeschnitten werden. Das Einkürzen abgeblühter Seitentriebe nach der Hauptblüte fördert den Nachflor.

✂ ✂ Es ist ein regelmäßiger, starker Rückschnitt erforderlich. Zeitpunkt: März, vor Neuaustrieb. Dabei werden entweder nur die vorjährigen Triebe zurückgeschnitten (Ansätze stehen lassen) oder der Rückschnitt wird bis ins alte Holz geführt (bis 30–50 cm über dem Erdboden, unterste Verzweigungen stehen lassen).

en oder der ganzen Pflanze durch fehlenden Wassernachschub ist die Folge. Befallene Triebe erholen sich nicht wieder. Die Pflanze kann unter Umständen durch Rückschnitt der Befallsstellen gerettet werden. Es wird empfohlen, die sich dann bildenden Triebe mit einem speziellen Fungizid zu behandeln (z. B. „Benomyl"). Befallene Pflanzenteile müssen sorgfältig gesammelt und verbrannt werden. Bei Misserfolg der Behandlung ist die ganze Pflanze zu entfernen. Arten, die selten oder gar keinen Befall zeigen, sind vor allem *Clematis alpina, C. macropetala, C. viticella, C. montana, C. tangutica, C. orientalis* sowie die Sorten der genannten Arten.

Tab. 3b. Clematis – großblumige Hybriden

Art/Sorte	Blütezeit/ Blütenfarbe	Wuchsstärke/ Wuchshöhe/ regelmäßiger Rückschnitt	Hinweise
'Boskoop Beauty'	VI–VII hellblau, violett-rötlich gestreift	schwach 2,5–3 m ✂	sehr großblumig; lange haltbare Blüte, jedoch ausbleichend; reich blühend
'Comtesse de Bouchaud'	VII–IX rosa	mittel bis stark 2,5–3,5 m ✂ ✂	sehr lange blühend; wüchsig und gesund; eine der besten rosafarbenen Hybriden
'Ernest Markhan'	VII–IX magentarot	mittel 3–4 m	etwas anfällig gegenüber Krankheiten
'Hagley Hybrid'	VII–IX malvenrosa	mittel 2,5–3 m ✂ ✂	bevorzugt halbschattige Standorte; bei voller Sonne starkes Ausbleichen der Blüte; sehr robust
'Huldine'	VII–IX perlweiß, Rückseite hellviolett	stark 3,5–5 m ✂ ✂	relativ kleinblumig; bei vollsonnigem Standort lange und reich blühend; bei Beschattung blühfaul; sehr gut zum Überranken von Sträuchern und Bäumen geeignet
'Lady Betty Balfour'	VIII–X violettblau	stark 3–4 (–6) m ✂ ✂	bevorzugt vollsonnigen Standort wegen später Blüte; reich blühend und gesund; wertvoll aufgrund später Blütezeit
'Lasurstern'	V–VI blauviolett	mittel 2,5–3 m ✂ ✂	reich blühend und gesund; Sorte mit dem reinsten „Blau"; bewährte Standardsorte
'Madame Julia Correvon'	VII–IX weinrot	mittel 2,5–3,5 m ✂ ✂	relativ kleinblumig; reich blühend und gesund
'Madame le Coultre'	VI–VII reinweiß	mittel bis stark 3–4 m ✂	reich blühend; eine der besten weiß blühenden Sorten; oft irrtümlich als 'Marie Boisselot' angeboten
'Nelly Moser'	V–VI hellrosa, dunkelrosa gestreift	mittel 2,5–3,5 m ✂	reich blühend; bevorzugt halbschattigen Standort; bei voller Sonne starkes Ausbleichen der Blüte; eine der bekanntesten Sorten
'Niobe'	VII–IX samtrot, dunkel	mittel 2,5–3,5 m ✂ ✂	reich blühend und robust; kompakter Wuchs; gilt als beste rot blühende Sorte

Tab. 3b. Clematis – großblumige Hybriden (Fortsetzung)

Art/Sorte	Blütezeit/ Blütenfarbe	Wuchsstärke/ Wuchshöhe/ regelmäßiger Rückschnitt	Hinweise
'Perle d'Azur'	VII–IX himmelblau, lilarosa überhaucht	stark 3,5–5 m ✂ ✂	reich und lange blühend
'The President'	V–VI violettblau, dunkel	mittel 2,5–3,5 m ✂	reich blühend und gesund; eine der bekanntesten Sorten
'Ville de Lyon'	VII–IX purpurrot	mittel 2,5–3,5 m ✂ ✂	reich blühend; recht gesund, gelegentlich Mehltaubefall; beliebte Standardsorte
'Vyvyan Pennell'	V–VI violett bis violettblau gefüllt	mittel 2–3 m ✂	Nachblüte (August/September) ungefüllt; gilt als beste gefülltblühende Sorte

✂ Erfrorenes Holz wird gegebenenfalls im März entfernt. Schwache Triebe sollten nach der Hauptblüte weggeschnitten werden. Das Einkürzen abgeblühter Seitentriebe nach der Hauptblüte fördert den Nachflor.

✂ ✂ Es ist ein regelmäßiger, starker Rückschnitt erforderlich. Zeitpunkt: März, vor Neuaustrieb. Dabei werden entweder nur die vorjährigen Triebe zurückgeschnitten (Ansätze stehen lassen) oder der Rückschnitt wird bis ins alte Holz geführt (bis 30–50 cm über dem Erdboden, unterste Verzweigungen stehen lassen).

Einjährige Kletterpflanzen

Einjährige Pflanzen sterben nach einer Vegetationsperiode ab und überdauern als Samen die Zeit der Vegetationsruhe. An ihren Naturstandorten sichern sie ihren Fortbestand durch Selbstaussaat. Weiterhin werden zu dieser Gruppe die in unserem Klimabereich einjährig gezogenen Arten gezählt. Diese stammen aus wintermilden Zonen und verhalten sich in ihrer Heimat ausdauernd. Bei uns sind sie nicht ausreichend frosthart und müssen jedes Jahr wieder neu angezogen werden.

Abwechslung im Garten und auf dem Balkon

Einjährige Kletterpflanzen bringen Abwechslung in den Garten, da man von Jahr zu Jahr variieren kann. Sie kommen bevorzugt dann zum Einsatz, wenn nur eine zeitlich begrenzte

Die Prunkwinde (*Ipomoea* spec.) und die Schwarzäugige Susanne (*Thunbergia alata*) kommen mit einem weitmaschigen Gitter als Kletterhilfe besonders gut zurecht. Bei ausreichender Wasser- und Nährstoffversorgung blühen beide über mehrere Monate.

Begrünung gewünscht ist. Dies kann z. B. bei Mauern und Zäunen der Fall sein, die regelmäßig gestrichen werden sollen. Ihre zumeist beachtlichen Wuchsleistungen in sehr kurzer Zeit macht man sich außerdem zunutze, um vorübergehend Kahlstellen zu verkleiden und gartentypische Wartezeiten zu überbrücken.
Ein typischer Standort für Einjährige ist außerdem der Balkon, wo in der Regel eine Begrünung nur aus Kübeln und Kästen möglich ist. Da Einjährige jedes Jahr wieder neu angezogen werden, kann – ohne große Umstände – regelmäßig neues Substrat zur Verfügung gestellt werden. Auf eine wöchentliche Düngung ist konsequent zu achten. Es bleibt das Gießproblem, da Einjährige auf eine gute Wasserversorgung besonders angewiesen sind. Die Abmessungen eines Standard-Balkonkastens (15 cm × 15 cm × 100 cm) reichen in der Regel nicht aus (siehe Seite 88).
Einjährige Kletterpflanzen kommen überwiegend mit leichten Konstruktionen als Kletterhilfen zurecht, da Ausmaß und Gewicht im Vergleich zu ihren ausdauernden Verwandten meist deutlich bescheidener ausfallen. Wegen der unterschiedlichen Kletterformen müssen auch bei den Einjährigen bestimmte Anforderungen an die Kletterhilfen erfüllt werden. Hinweise hierzu finden sich auf Seite 45.

Vorkultur oder Direktaussaat

Bei vielen Einjährigen ist eine Vorkultur notwendig bzw. wird empfohlen.

Die Feuerbohne (*Phaseolus coccineus*) wird hier als Nutzpflanze an einem traditionellen Gerüst gezogen. Damit ist gleichzeitig ein Sichtschutz für die Sommermonate entstanden.

Kahlstellen verdecken und Wartezeiten überbrücken

Einjährige Kletterer eignen sich hervorragend:

- als Vorboten für ausdauernde Kletterpflanzen, die in ihrer Jugend nur zögernd wachsen, wie z. B. Efeu, Kletter-Hortensie oder Pfeifenwinde.
- als Lückenfüller bei Neupflanzungen, die aufgrund einzuhaltender Pflanzabstände in den ersten Jahren sehr kahl wirken.
- als Lückenfüller nach Schnitt- und Rodungsaktionen.
- als Verkleidung unterer kahler Abschnitte an ausdauernden Kletterpflanzen.
- als sommerliche Sichtschutzpflanzung.

Tab. 4. Einjährige Kletterpflanzen

Botanischer Name/ Deutscher Name	Kletterform	Wuchsstärke/ Wuchshöhe	Zierwirkungen (Monat)	giftig/ teilweise giftig	Kulturhinweise
Cobaea scandens Glockenrebe	Blattranker	sehr stark 3–4 m	Blüten blauviolett VIII–X		**Vorkultur** schon Ende Januar; auch Halbschatten möglich
Cucurbita pepo var. *ovifera* Zierkürbis	Blattranker	sehr stark 3–6 m	Blüten gelb, VII–IX; Früchte in diversen Farben und Formen		**Vorkultur**
Eccremocarpus scaber Schönranke	Blattranker	sehr stark 3–5 m	Blüten rötlich gelb VI–X		**Vorkultur;** auch Halbschatten möglich
Humulus scandens Japanischer Hopfen	Schlinger	sehr stark 3–6 m	weibl. Blüten gelbgrün, zapfenähnlich VII–VIII; Frucht zapfenartig		**Vorkultur** oder **Direktaussaat;** liebt Halbschatten, auch Sonne (gießen!) oder Schatten möglich
Ipomoea spec. Prunkwinde	Schlinger	stark bis sehr stark 2–5 m	diverse Blütenfarben je nach Sorte VI–IX	X	**Vorkultur** oder **Direktaussaat**
Lathyrus odoratus Duftwicke	Blattranker	mittel bis stark 1–2 m	diverse Blütenfarben je nach Sorte VI–IX	X	**Vorkultur** oder **Direktaussaat;** Blüten regelmäßig schneiden
Phaseolus coccineus Feuerbohne	Schlinger	sehr stark 4–5 m	Blüten rot VI–IX	X	**Direktaussaat**
Quamoclit lobata Sternwinde	Schlinger	mittel 1 (–2) m	Blüten orange-gelb VII–IX		**Vorkultur** oder **Direktaussaat**
Rhodochiton atrosanguineus Rosenkelch	Blattstielranker	schwach 1 (–2) m	Blüten rot VIII–IX		**Vorkultur;** auch Halbschatten möglich

Tab. 4. Einjährige Kletterpflanzen (Fortsetzung)					
Botanischer Name/ Deutscher Name	Kletterform	Wuchsstärke/ Wuchshöhe	Zierwirkungen (Monat)	giftig/ teilweise giftig	Kulturhinweise
Thunbergia alata **Schwarzäugige Susanne**	Schlinger	mittel bis stark 1–2 m	Blüten weiß, gelb, orange je nach Sorte VI–X		**Vorkultur;** Anbinden erforderlich; auch Halbschatten möglich
Tropaeolum spec. **Kapuzinerkresse**	Blattstielranker	stark bis sehr stark 2–4 m	Blüten gelb, orange, rot je nach Sorte VI–X		**Vorkultur** oder **Direktaussaat;** auch Halbschatten möglich

Anmerkungen: **Sonnige Standorte** werden grundsätzlich bevorzugt. Es wird immer eine **gute Wasser- und Nährstoffversorung** vorausgesetzt.

Damit ist das Anziehen der jungen Pflanzen im Gewächshaus, Wintergarten oder auf der Fensterbank gemeint. Die vorgezogenen Pflänzchen werden in der Regel Mitte Mai nach draußen gepflanzt, wenn kein Frost mehr zu erwarten ist. Auch wenn die wesentlich weniger aufwendige Direktaussaat möglich ist, kann eine Vorkultur sinnvoll sein, um eine schnellere Entwicklung der Pflanzen und eine frühere Blüte zu erreichen. Spezielle Kulturhinweise, Aussaatzeiten und Pflanzabstände sind auf den Samentüten nachzulesen.

Sommerlicher Sichtschutz

Aufgrund ihres schnellen und dichten Wuchses eignen sich die Feuerbohne, die Glockenrebe und der Japanische Hopfen besonders als Sichtschutzpflanzen. Regelmäßiges Wässern und Düngen nicht vergessen!

Die Tabelle „Einjährige Kletterpflanzen" stellt eine Auswahl bekannter Arten vor. In der Regel sind von jeder Art eine Fülle von Sorten erhältlich, auf deren Angabe hier verzichtet wird. Je nach Sorte variieren vor allem Blütenfarbe und Blütenform.

Fassaden

Es gibt vielfältige Möglichkeiten, eine Fassade mit Kletterpflanzen zu begrünen. Die richtige Pflanzenauswahl bestimmt darüber, ob sich ein dauerhafter Begrünungserfolg einstellt. Zu den ersten Überlegungen gehört die Frage, ob ein Selbstklimmer oder ein Gerüstkletterer verwendet werden soll. Nachfolgend werden die wichtigsten Entscheidungskriterien aufgeführt.

Vorteile der Selbstklimmer

- Bau bzw. Kauf und Montage eines Gerüstes entfallen.
- Die Fassade muss nicht angebohrt werden.
- Große, von oben bis unten gleichmäßig begrünte Flächen sind durch die Selbstklimmer Efeu und Wilder Wein am besten herzustellen.
- Vor allem mit dem immergrünen Efeu sind spürbare Wärmeverlustsenkungen im Winter verbunden. Diese werden bei flächigem Bewuchs an einer nordexponierten Wand auf 10 bis 30 % geschätzt. Vergleichbare Werte sind durch Gerüstkletterpflanzen nicht zu erreichen.

Vorteile der Gerüstkletterpflanzen

- Die Pflanzen können besser geleitet werden.
- Gerüstkletterer lassen sich leichter auf die ihnen zugedachten Flächen begrenzen.
- Art und Beschaffenheit der Fassadenoberfläche sind für die Pflanzen unerheblich, da sie sich am Gerüst festhalten.
- Es bestehen keine Schadensrisiken durch Verankerung der Pflanzen an der Fassade.
- Es steht eine größere Pflanzenauswahl zur Verfügung.

Kletterpflanzen mit lichtfliehenden Trieben

Blauregen, Dreilappiger Wilder Wein, Efeu, Fünfblättriger Wilder Wein, Kletter-Hortensie, Schling-Knöterich, Trompetenblume.

Besonders auf den Boden achten

Typisch für Kletterpflanzenstandorte an Fassaden und Mauern sind schlechte Bodenverhältnisse, die häufig auf eine vorangegangene Bautätigkeit zurückzuführen sind. So ist oftmals ein Bodenaustausch im Pflanzbereich notwendig. Außerdem handelt es sich um extrem trockene Standorte, vor allem in Regenschattenbereichen und unter Dachüberständen. Regelmäßiges Wässern, nicht nur im Hochsommer, wird deshalb unumgänglich (zur Pflanzung und Pflege siehe ab Seite 85).

Risiko durch lichtfliehende Triebe

Bei den Selbstklimmern und den Gerüstkletterern gibt es Arten, die so genannte lichtfliehende Triebe ausbilden und hierdurch Schäden am Gebäude anrichten können. Einzelne Triebe wachsen – entgegen der Hauptwuchsrichtung – zu den dunkelsten Stellen hin. Sie dringen in Spalten ein und es können Schäden durch das nachfolgende Dickenwachstum entstehen. Risiken bestehen unter anderem bei Dachflächen, vorgehängten Wandelementen und Jalousiekästen.

Rechte Seite: Diese Kletterrose wird durch waagerecht gespannte Drahtseile an der Fassade gehalten. An dieser älteren, schon bröckligen Klinkerwand ist ein Selbstklimmer auf keinen Fall zu empfehlen.

Tab. 5. Selbstklimmer an der Fassade

Botanischer Name/ Deutscher Name	Kletterform	Platzbedarf/Breite × Höhe in m
Euonymus fortunei **Kletterspindel,** Spindelstrauch	Wurzelkletterer	sehr gut für schmale Flächen und begrenzte Höhen geeignet (z. B. Eingänge, Fensterzwischenräume); ab 0,5 × 1,5 m; **gut haftende Sorten:** 'Emerald Leader' (grün), 'Silver Queen' (weißgrün), var. *radicans* (Frucht)
Hedera helix **Efeu**	Wurzelkletterer	nur für großflächige Wandbegrünungen sinnvoll; ab 2,0 × 6,0 m bedingt empfehlenswert; schwächer wachsende Efeu-Sorten mit guter Winterhärte: 'Deltoidea' (= 'Ovata'), 'Minima', 'Pedata'
Hydrangea petiolaris **Kletter-Hortensie**	Wurzelkletterer	nur für großflächige Wandbegrünungen sinnvoll; ab 2,0 × 4,0 m
Parthenocissus quinquefolia var. *engelmannii* **Fünfblättriger Wilder Wein**	Haftscheibenranker	nur für großflächige Wandbegrünungen sinnvoll; ab 2,0 × 5,0 m bedingt empfehlenswert
Parthenocissus tricuspidata 'Veitchii' **Dreilappiger Wilder Wein**	Haftscheibenranker	nur für großflächige Wandbegrünungen sinnvoll; ab 4,0 × 6,0 m bedingt empfehlenswert

Direktbegrünung durch Selbstklimmer

Einen schnellen Überblick über die Kletterpflanzen, die keine Kletterhilfe benötigen, wie z.B. Kletterspindel und Fünfblättriger Wilder Wein, bietet die oben stehende Tabelle. Um einen späteren, hohen **Pflegeaufwand** zu vermeiden, sollten die Hinweise zum Ausbreitungsdrang der Arten berücksichtigt werden.

Mit Selbstklimmern uneingeschränkt begrünbare Flächen

- intakte Klinker- und Ziegeloberflächen,
- intakte, unbeschichtete Kalkzementputze, insbesondere rissarme Rauputze,
- intakte, unbeschichtete Betonoberflächen,
- ordnungsgemäß sanierte Mauerwerksflächen.

Voraussetzung für die Begrünung einer Fassade mit einem Selbstklimmer ist ein geeigneter, intakter Untergrund. In Verbindung mit den Haftmechanismen wurden bereits ab Seite 14 einige Hinweise zu geeigneten Oberflächen gegeben. Nebenstehend werden die wesentlichen Aspekte zur Beurteilung einer Begrünungseignung mit Selbstklimmern (**Haftscheibenranker** und **Wurzelkletterer**) aufgelistet.
In allen Fällen, in denen Unsicherheiten hinsichtlich der Fassadeneignung

Die Kletter-Hortensie (*Hydrangea petiolaris*) wächst in der Jugend langsam. Später zeigt sie ein sehr kräftiges Wachstum. Bei Höhen von unter 4 m entsteht ein hoher Schnittaufwand.

für Selbstklimmer bestehen, sollte auf Gerüstkletterpflanzen zurückgegriffen werden.

Spezielle Maße für Gerüstkletterer

Wie bereits ausgeführt, sind mit den verschiedenen Kletterformen der Gerüstkletterpflanzen unterschiedliche Anforderungen an die Klettergerüste verbunden. Weiterhin variieren die Ansprüche innerhalb der Kletterpflanzengruppen. So sind für einen starkwüchsigen Schlinger wie den Blauregen (*Wisteria sinensis*) andere Maße notwendig als für das schwachwüchsige Trompeten-Geißblatt (*Lonicera* × *brownii* 'Dropmore Scarlet'). Die Tabelle auf der

Für Selbstklimmer ungeeignete Flächen:

- ständig feuchte Mauerwerks- oder Putzflächen (Absprengungsrisiko, Sanierungsbedürftigkeit),
- rissiges Mauerwerk (Absprengungsrisiko),
- Flächen mit tieferliegenden und/oder ausgewitterten Fugen (Durchwurzelungsgefahr, Absprengungsrisiko, Sanierungsbedürftigkeit),
- rissige Putze (Durchwurzelungsgefahr, Absprengungsrisiko, evtl. begrenzte Tragfähigkeit),
- sanierte Putze mit dünner Oberputzschicht (begrenzte Tragfähigkeit),
- schadhafter Beton (Sanierungsbedürftigkeit),
- Fachwerk und Holzoberflächen (evtl. Hitzeentwicklung an dunklen Holzflächen, Holzschutzmaßnahmen),
- Schindeln, Wandverkleidungen, vorgehängte Konstruktionen mit offenen Fugen (z. T. begrenzte Tragfähigkeit, Absprengungsrisiko, Hinterwachsen),
- kunststoffhaltige Oberflächenbeschichtungen (Durchwurzelungsgefahr),
- Kunstharzputze (Erneuerungsbedürftigkeit),
- Wärmedämmverbundsysteme, insbesondere solche mit organischer Abschlussbeschichtung (begrenzte Tragfähigkeit, Erneuerungsbedürftigkeit der Beschichtung),
- luftporenhaltige Wärmedämmverputze (begrenzte Tragfähigkeit),
- beschichtetes Metall, z. B. Trapezblechoberflächen (evtl. Hitzeentwicklung, Erneuerungsbedürftigkeit der Beschichtung),
- sonstige Flächen, die nur zeitweise begrünt werden sollen (aufwändiges Entfernen der Haftscheiben bzw. Haftwurzeln),
- Betonplattenbauweise mit hohem Fugenanteil (Wartung und Pflege).

Die Klettergurke (*Akebia quinata*) kann auch an schmalen Flächen, z. B. Fensterzwischenräumen, hochgeleitet werden. Mindesthöhen an der Fassade von 3 bis 4 m sollte man ihr jedoch zur Verfügung stellen.

Baumstämme bilden kletterfreundliche Untergründe für Selbstklimmer. Die Kletterspindel (*Euonymus fortunei*) benötigt hier in der Regel keine Unterstützung.

Seite 45 gibt Hinweise zu günstigen Abmessungen aus Pflanzensicht.

Stabilität der Konstruktion

Anhaltswerte zur notwendigen Stabilität der Konstruktion können aus den Angaben über Wuchsstärke und Wuchshöhe (siehe Tabelle Seite 19) sowie aus den nebenstehenden Mindestwandabständen abgeleitet werden. Die weiten Wandabstände werden bei den ausdauernden Schlingern durch das Dickenwachstum der Triebe im Laufe der Jahre und Jahrzehnte notwendig. Der Stammfuß eines Blauregens kann beispielsweise in 20 Jahren auf etwa 20 cm Durchmesser anwachsen. Eine Abschätzung des Flächengewichts der Arten in kp/m^2 kann der weiterführenden Literatur entnommen werden (z. B. KÖHLER 1993, „Fassaden- und Dachbegrünung"). Als Lasteinflüsse durch Kletterpflanzen sind Nässe, Schnee und Wind mit zu berücksichtigen. Ausdauernde Kletterpflanzen, die besonders für kleinflächige, leichte Konstruktionen

Festbinden

Das anfängliche Festbinden der Pflanzen am Gerüst bietet für alle Arten eine gute Starthilfe.

Tab. 6. Gerüstkletterpflanzen an der Fassade – spezielle Anforderungen an die Klettergerüste

Kletterform	optimale Anordung der Stützen	Abstand der Stützen bzw. Gitterweiten	Profildurchmesser	Mindestwandabstand	Mindesthöhen der Gerüste
ausdauernde **Schlinger**	III \\ // +++	ab 25 cm	bis 4 cm (*Celastrus* *Wisteria* bis 15 cm)	5 cm *Lonicera* *Humulus* 10 cm *Actinidia* *Akebia* *Aristolochia* *Fallopia* 20 cm *Celastrus* *Wisteria*	2–3 m *Lonicera* 3–4 m *Actinidia* *Akebia* *Humulus* 5–6 m *Aristolochia* *Celastrus* *Fallopia* *Wisteria*
einjährige **Schlinger**	III \\ // +++ xxx	ab 6 cm	bis 2 cm	5 cm	2 m
Blattstielranker	+++ xxx	ab 10 cm; Maschendraht ab 6 cm	bis 1 cm	5–10 cm	2–3 m
Blattranker	+++ xxx	ab 5 cm	bis 0,4 cm	5 cm	1,5–2 m
Sprossranker	+++ xxx	ab 15 cm	bis 2 cm	10–15 cm	3–4 m
Spreizklimmer	== xxx +++	ab 25 cm	*	10–15 cm	2–3 m
Wurzelkletterer					
Campsis	== xxx +++	ab 30 cm	*	15 cm	4 m
Euonymus	== xxx	ab 20 cm	*	5 cm	1,5 m

Verlauf der Stützen:
- III vertikal, gegebenenfalls mit Querstreben als Abrutschsicherung
- \\ // steil aufwärts ohne spitzwinklige Kreuzungen, gegebenenfalls mit Querstreben als Abrutschsicherung
- +++ rechtwinklig gekreuzt
- xxx diagonal gekreuzt
- == horizontal
- * Der Profildurchmesser ist für die Pflanze nicht relevant, da keine speziellen Kletterorgane ausgebildet werden.

zu empfehlen sind, werden auf Seite 48 genannt.

Mindesthöhen am Haus

Bei Unterschreitung der in oben stehender Tabelle genannten Mindesthöhen erhöht sich der Schnittaufwand z. T. erheblich. Regenrinnen und Dächer sollten wegen möglicher Folgeschäden grundsätzlich nicht überwuchert werden. An Pergolen, Zäunen und anderen **freistehenden Gartenelementen** sind unkompliziertere Methoden des Leitens und Aufbindens möglich und auch Gebäudeschäden spielen keine Rolle. Deshalb

Holzgerüste dieser Art werden in Baumärkten angeboten. Sie eignen sich z. B. um schmale Flächen zwischen zwei Fenstern zu begrünen.

sind dort Begrünungen auch geringerer Höhen gut realisierbar.

Wurzelkletterer am Gerüst

Die Tabellenübersicht auf Seite 45 enthält auch die Trompetenblume (*Campsis radicans*) und die Kletterspindel (*Euonymus fortunei*). Beide zählen als Wurzelkletterer eigentlich zu den Selbstklimmern. Für die Trompetenblume ist jedoch aufgrund ihres Gewichts immer ein Gerüst zu empfehlen; für die Kletterspindel nur, wenn schwach haftende Sorten verwendet werden.

Wandspaliere – Material, Befestigung, Konstruktion

Klettergerüste für Fassaden werden häufig selbst gebaut. Sie können jedoch auch als fertige Elemente im Baumarkt oder Gartencenter bzw. bei Spezialanbietern bezogen werden. Letztere bieten verschiedene "Begrünungssysteme" an, die mehr und mehr auch im Hausgartenbereich eingesetzt werden. Einige Adressen hierzu befinden sich auf Seite 92 f.

Holz, Metall oder Kunststoff?

Holz ist das gebräuchlichste Material für den Eigenbau von Kletterhilfen. Es lässt sich gut verarbeiten, verbinden und befestigen. Bei Harthölzern und kesseldruckimprägnierten Profilen kann von einer 15- bis 25-jährigen Lebensdauer ausgegangen werden, wobei ein konstruktiver Holzschutz vorausgesetzt wird. Hierzu zählen z. B. Abstandhalter, abgeschrägte Oberkanten und das Vermeiden von Holz-Boden-Kontakten (siehe auch Seite 80). Kletterhilfen aus **Metall** sind wegen möglicher **Hitze- oder Kälteschäden** seit langer Zeit in der Diskussion. Als aktueller Stand der Fachmeinung kann Folgendes angenommen werden: Sehr hohe Temperaturen können besonders junge Triebspitzen schädi-

gen, zu einer Verlangsamung des Wachstums beitragen und zu frühen Welkeerscheinungen im Sommer führen. Dunkle Oberflächen können sich bei direkter Sonneneinstrahlung auf bis zu 70 °C aufheizen. Ob diese hohen Temperaturen entstehen, hängt jedoch von der Profilform und der Farbe des Gerüstes ab. Dünne Rundprofile (z. B. Baustahlmatten) erreichen kaum kritische Wärmegrade, im Gegensatz zu Rechteckprofilen, die Wärme stärker absorbieren. Temperatursenkungen werden durch stark reflektierende Farben, z. B. Weiß, erreicht. Wie „heiß" eine Kletterhilfe wird, ist letztendlich auch vom Wandabstand, von der Oberflächentemperatur der Fassade und der umgebenden Luftströmung abhängig.
Nennenswerte Kälteschäden durch Metallkletterhilfen sind nicht zu erwarten. Bei Temperaturen unterhalb des Gefrierpunktes kühlen die Streben nicht stärker ab als die Umgebung. Bei Temperaturen knapp über dem Gefrierpunkt kann eine Bereifung des Metalls im Frühjahr u. U. zu Frostschäden an der neu austreibenden Pflanze führen. In dieser Zeit sind jedoch auch Spätfröste mit der gleichen Auswirkung zu erwarten. Generell kann deshalb davon ausgegangen werden, dass die gängigen Kletterhilfen aus Metall für die Fassadenbegrünung geeignet sind.
Als **Kunststoff** findet bei Klettergerüsten vor allem der glasfaserverstärkte Kunststoff (GFK) Verwendung. Diese Kletterhilfen sind sehr variabel einsetzbar und lassen sich bei Bedarf unkompliziert erweitern. Weitere Vorteile sind Pflanzenverträglichkeit, geringes Gewicht, hohe Festigkeit und Beständigkeit gegenüber Witterungseinflüssen und UV-Strahlung. Klettergerüste aus GFK werden von Spezialfirmen angeboten.

Befestigungen und Abstandhalter

Grundsätzlich dürfen Zusatzlasten durch Klettergerüst und Kletterpflanze nur in tragende Elemente eines Gebäudes eingeleitet werden. Im Einzelfall können nichttragende Verkleidungen Zusatzlasten aufnehmen. Hier kann es sich jedoch als notwendig erweisen, einen Architekten oder eine Baufirma zu Rate zu ziehen.
Im Hausgartenbereich sind **verdübelte Haken** und **Verschraubungen mit Abstandhaltern** die gängigste Methode der Wandbefestigung. Dabei wirken die auftretenden Lasten anteilig auf jeden Halter. Die Tragfähigkeit kann über die Anzahl und Dimensio-

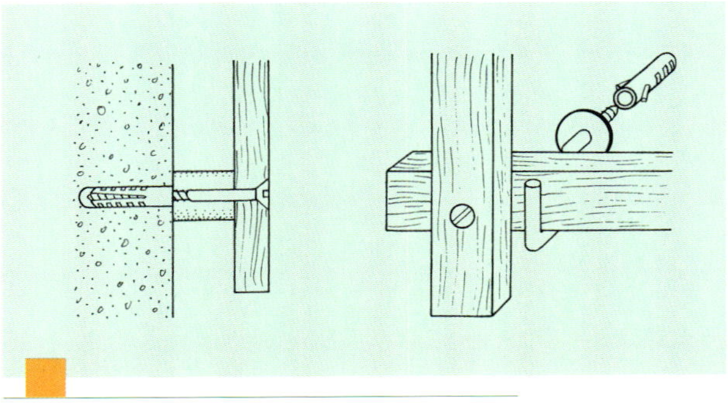

Abstandhalter aus Hartgummi oder Kunststoff und verzinkter Winkelhaken.

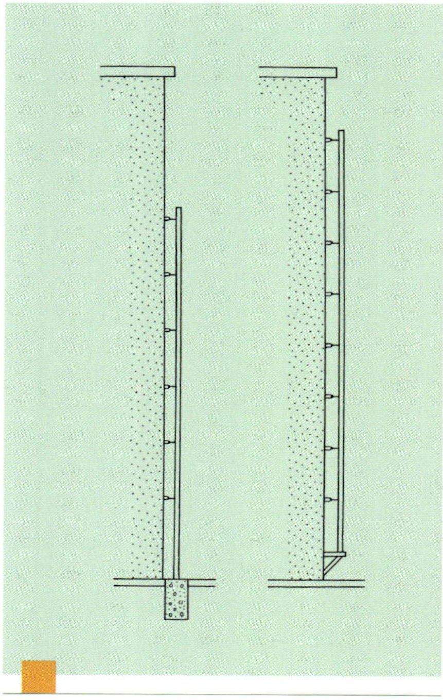

Anlehngerüste auf Betonfundament und Konsole (nach FLL 1995).

Die Gerüstform eignet sich sehr gut für den Spreizklimmer Kletterbrombeere (*Rubus*).

nierung der Halter erhöht werden. Diese Befestigungsart eignet sich für steife Gerüste aus Metall, Holz oder Kunststoff (GFK).
So genannte **Anlehngerüste** oder **Vorständerungen** stehen auf einem Betonfundament bzw. einer Konsole (siehe Prinzipskizze). Sie bieten eine sehr tragfähige Konstruktion, die auch für schwierige Fassaden und großflächige Gerüste geeignet ist. Ebenso sind mit dieser Art der Anbringung klettertechnisch notwendige, weite Wandabstände realisierbar.
Für Seilbespannungen werden von Fachfirmen spezielle Befestigungen und Abstandhalter mitgeliefert. Normale Dübel könnten durch hohe Zugkräfte aus der Wand gerissen werden.

Pflanzenauswahl für leichte Fertigspaliere

Mindesthöhe an der Wand: 2 m

Clematis (*Clematis alpina, C.* × *jackmanii, C. viticella,* großblumige Hybriden), Kletterbrombeere, Stauden-Wicke, Trompeten-Geißblatt, alle einjährigen Kletterpflanzen.

Leichte Fertigspaliere

Die fächer-, gitter- oder scherengitterförmigen Wandspaliere aus dem Baumarkt haben den Vorteil, dass der Eigenbau entfällt und die Montage rela-

tiv einfach zu bewerkstelligen ist. Sie bieten sich z. B. für Eingangsbereiche oder Fensterzwischenräume an. Bei richtiger Pflanzenauswahl kann man auf diese Weise mit einfachen Mitteln besondere Akzente setzen.
Die Gerüste bestehen überwiegend aus Holz oder kunststoffbeschichtetem Metall und weisen nur geringe Abmessungen auf (siehe Abb. Seite 46 und 48). Breiten von 0,45 bis 1,50 m und Längen von 1,50 bis 3,00 m bieten nicht allen Kletterpflanzen ausreichend Entwicklungsraum. Auch wenn in manchen Fällen 2 bis 3 Elemente nebeneinander bzw. übereinander angebracht werden können, kommen für diese Spaliere hauptsächlich einjährige sowie schwachwüchsige, ausdauernde Kletterpflanzen in Betracht.
Mitgelieferte Abstandhalter sind oftmals nicht ausreichend dimensioniert und sollten entsprechend den Bedürfnissen der ausgewählten Pflanze ergänzt werden (siehe Tab. Seite 45). Für einjährige Arten kann ein Wandabstand von 5 cm grundsätzlich als ausreichend angesehen werden.
Bei Holzlattengerüsten müssen evtl. zusätzliche Drähte gespannt werden, wenn die vorhandenen Profile von den Kletterorganen nicht umwunden werden können (siehe Tab. Seite 45).

Maschendrahtgitter mit Holzrahmen

Leichte Fassadengerüste lassen sich recht einfach aus Maschendraht oder Wellengitter anfertigen. Dazu wird das Drahtgeflecht auf einen stabilen Holzrahmen gespannt. Mauerhaken oder Verschraubungen mit Abstandhaltern halten das Gerüst an der Fassade. Je nach gewählter Pflanzenart kann das Gitter unterschiedliche Größen aufweisen; es können auch 2 bis 3 Rahmen über- bzw. nebeneinander gehängt werden.

Pflanzenauswahl für Maschendrahtgitter

Mindesthöhe an der Wand: 2 m; Mindestmaschenweite: 6 × 6 cm

Clematis (*Clematis alpina, C. × jackmanii, C. viticella,* großblumige Hybriden), Stauden-Wicke, alle einjährigen Kletterpflanzen.

Baustahlmatten

Baustahlgewebe und daraus entwickelte, handelsübliche Rankgitter gehören zu den am häufigsten verwendeten Klettergerüsten. Sie werden durch Mauerhaken oder mit Hilfe einer Lattenkonstruktion befestigt. Ein zusätzlich erforderlicher Wandabstand wird durch das Anbringen von Abstandhaltern erreicht.
Es sind überwiegend Gittergrößen von 10 × 10 bis 30 × 30 cm auf dem Markt; die Stabstärke beträgt in der Regel 4 bis 7 mm.
Als Rostschutz dient eine Tauchverzinkung, evtl. mit einer zusätzlichen Kunststoffummantelung durch den Hersteller. Werden Originalbaustahlmatten verwendet, kann nur ein Anstrich oder die so genannte Kaltverzinkung Rostschutz bieten. Hierdurch wird jedoch keine Wirkung erzielt, die mit den herstellerseitig möglichen Rostschutzmaßnahmen vergleichbar

Der einjährige Rosenkelch (*Rhodochiton atrosanguineus*) gehörte um die Jahrhundertwende zu den Modepflanzen. Für den Blattstielranker ist die Baustahlmatte eine ideale Kletterhilfe.

ist. Rost ist in erster Linie eine optische Beeinträchtigung. Schon nach 2 bis 3 Jahren können „Rostfahnen" an der Fassade sichtbar sein. Eine Minderung der Tragfähigkeit durch Rost tritt dagegen erst langfristig auf.

Pflanzenauswahl für Baustahlmatten

Clematis (Arten und Sorten), Geißblatt (Arten und Sorten), Kiwi (Arten und Sorten), Kletterbrombeere, Klettergurke, Kletterrose, Scharlach-Wein, Stauden-Wicke, Trompetenblume, Weinrebe (Echter Wein), Winter-Jasmin, alle einjährigen Kletterpflanzen.

Ein wesentlicher Vorteil der Baustahlmatten und ähnlicher Fassadengerüste besteht darin, dass durch Zuschnitt bzw. Aneinanderreihung verschiedener Felder fast jede Größe bereitgestellt werden kann.

Zum Beranken von Baustahlmatten sind sämtliche **einjährige Kletterpflanzen** geeignet. Für die Glockenrebe (*Cobaea scandens*), die Schönranke (*Eccremocarpus scaber*) und die Duftwicke (*Lathyrus odoratus*) sollten nur die dünnsten Profile (4 mm) verwendet werden. Bei angepasstem Gitterraster, ausreichender Gesamtgröße sowie angemessenem Wandabstand (siehe Tabelle Seite 45) sind auch eine ganze Reihe **ausdauernder Kletterpflanzen** für Baustahlmatten zu empfehlen.

Holzlattengerüste

Besonders bei der Verwendung von Holzlattengerüsten kann das Gerüst selbst zur Auflockerung und Gliederung der Fassade beitragen. Dabei ist zu beachten, dass die schlichten Lösungen in der Regel am meisten überzeugen. Aufwändige Muster sollten vermieden werden. Gängige Lattenquerschnitte liegen zwischen 2 × 3,5 und 4 × 6 cm.

Holzlattenkonstruktionen eignen sich für jede Kletterpflanze, wenn beim Bau die spezifischen Anforderungen der Pflanze berücksichtigt werden (siehe Tabelle Seite 45).

Werden die hinteren Latten ohne Abstandhalter direkt an der Wand befestigt, muss bei **Schlingern** und **Spreiz-**

klimmern Folgendes beachtet werden: Für Schlinger werden zunächst die waagerechten, dann die senkrechten Latten montiert, für Spreizklimmer und Spalierobst zunächst die senkrechten und dann die waagerechten Latten. Aus Gründen des **konstruktiven Holzschutzes** sollten jedoch in jedem Fall Abstandhalter zwischen Spalier und Wand gesetzt werden. Ebenfalls aus Holzschutzgründen sind die Oberkanten der senkrecht verlaufenden Latten abzuschrägen, damit Regenwasser ablaufen kann. Auch gehobelte Profile verlängern die Lebensdauer (zum Holzschutz siehe auch die Seiten 80 und 81.)
Vorrichtungen zum **Abklappen** kleinerer Rankspaliere ermöglichen eine Renovierung der Fassade, ohne die Pflanze herunterschneiden zu müssen. Hier ist es jedoch nur möglich, schwach bis mittelstark wachsende

Zusätzliche Drähte am Lattengerüst

Für alle Blattstielranker (z. B. Clematis), Blattranker (z. B. Wicke) und Sprossranker (z. B. Echter Wein) sind zusätzlich zum Lattengerüst Drähte zu spannen, weil die Querschnitte der Latten nicht umwunden werden können.

Holzspalier für Kletterrose, Kletterbrombeere oder Winter-Jasmin

Lattenquerschnitt: 4 × 6 cm

Lattenaufbau:

1. **Befestigung der senkrechten Latten im Abstand von 60 bis 80 cm. Holzpflöcke zwischen Latten und Wand dienen als Abstandhalter.**
2. **Befestigung der Querlatten im Abstand von 30 bis 50 cm. Aus optischen Gründen sollten die Querlatten seitlich 5 bis 10 cm überstehen.**

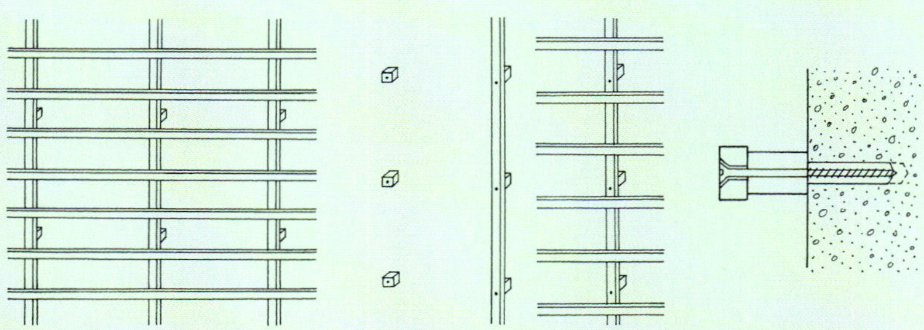

Holzspalier mit Abstandhalter (nach Baumann et al. 1985).

Pflanzenauswahl für einfache Drahtbespannungen

Clematis *(Clematis alpina, C. × jackmanii, C. viticella,* großblumige Hybriden*)*, Stauden-Wicke, Trompeten-Geißblatt, alle einjährigen Kletterpflanzen.

Dieses Holzspalier geht auf die Bedürfnisse der Schlinger ein. An den senkrecht verlaufenden Leisten windet sich die Schwarzäugige Susanne (*Thunbergia alata*).

Pflanzen zu setzen, da der Größe der Kletterhilfe relativ enge Grenzen gesetzt sind.

An Stellen, die für Fremde leicht zugänglich sind, sollte berücksichtigt werden, dass Holzgitter als Leitern missbraucht werden könnten. In diesen Fällen wird empfohlen, bis zu einer Höhe von etwa 2 m die Latten ausschließlich senkrecht anzuordnen und die Pflanzen hier gegebenenfalls aufzubinden.

Drähte, Seile, Schnüre und Ketten

Als sehr einfache Form einer leichten Kletterhilfe können **Drähte** waagerecht, senkrecht und auch über Kreuz an der Wand befestigt werden. Als Verankerungen dienen Haken oder Schrauben, die gleichzeitig den notwendigen Wandabstand sicherstellen. Die Befestigungen sind in jedem Fall zu verdübeln, da sie sonst durch das Gewicht der Pflanzen bald wieder herausgerissen würden. Mit einfachen Drähten können für alle Kletterformen zweckmäßige Kletterhilfen gestellt werden. Die Nachteile sind geringe Stabilität und Haltbarkeit. Die Drähte sollten in jedem Fall verzinkt und zusätzlich kunststoffummantelt sein. Da die Drahtspannung nach einiger Zeit nachlässt, muss nachgespannt werden. Mit Hilfe so genannter Drahtspanner ist dies relativ einfach zu bewerkstelligen. Bei waagerechter und netzartiger Anbringung der Drähte sollte die unterste waagerechte Verspannung etwa 30 cm über dem Boden beginnen.

Spezialseil-Klettersystem aus Edelstahl mit Geo-Textilmantel.

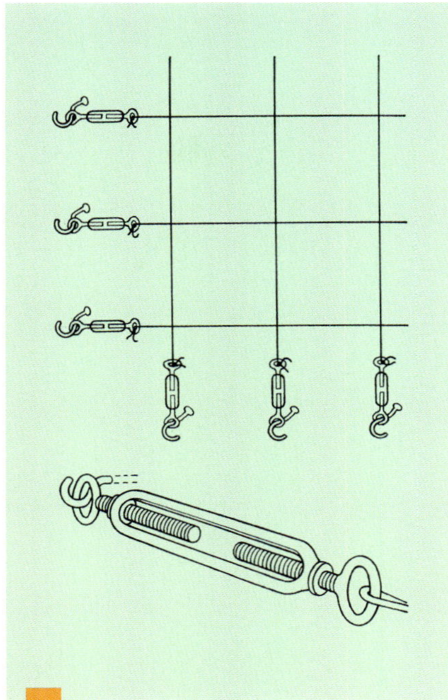

Leichte Spaliere aus gespannten Drähten sind hauptsächlich für einjährige Kletterpflanzen geeignet. Spannschlösser erleichtern das Nachspannen.

Drahtseile werden, ähnlich wie Spanndrähte, waagerecht, schräg oder netzartig verspannt. Sie sind jedoch wesentlich tragfähiger. Bei sachgemäßer Befestigung können stabile Klettergerüste in jeder Größe hergestellt und auch Wandabstände bis zu 20 cm realisiert werden.
Stahlseilkonstruktionen werden als Begrünungssysteme durch Spezialhersteller angeboten. Es handelt sich um Edelstahlseile, die auch mit einer pflanzenfreundlichen Geotextilummantelung erhältlich sind. Spannhalter, Zwischenstützen usw. werden von den Firmen mitgeliefert und auch montiert. Zum Teil ist die Selbstmontage möglich. Bei diesen Konstruktionen ist besonders die zugfeste Verankerung in der Hauswand wichtig, da erhebliche Zugkräfte auftreten. In der Regel muss ein Fachmann zu Rate gezogen werden, um zu klären, ob die Fassade für eine solche Bespannung geeignet ist. Soll eine große Fläche begrünt werden, könnte ein vorgeständertes Holzgerüst mit Bodenankern eine Alternative sein (siehe Abbildung Seite 48). Stahlseilkonstruktionen eignen sich ganz besonders für

Die Pfeifenwinde (*Aristolochia macrophylla*) gehört zu den Starkschlingern. Zäune werden blickdicht bewachsen und selbst die Laterne wird als Kletterhilfe angenommen.

ausdauernde Schlinger (siehe Tabelle Seite 19).
Seile oder **Schnüre** aus **Naturfasern** (Hanf, Sisal oder Kokos) bieten vor allem für Schlinger pflanzenfreundliche Kletterhilfen, da diese an den rauen Oberflächen einen festen Halt finden. Zur Befestigung der Schnüre werden Schraubösen oder Schraubringe in die Hauswand eingedübelt. Aufgrund der geringen Haltbarkeit der Naturfasern im Freien, sollten nur **einjährige Schlinger** oder **Hopfen** (*Humulus lupulus*, schlingende Staude) zur Begrünung gepflanzt werden. Als **Kunststoffschnüre** können so genannte Hopfenschnüre verwendet werden, die noch eine gewisse Rauigkeit aufweisen. Sie lassen sich mit einfachen Zeltspannern straffen und

nachspannen und werden ebenfalls mit Schraubösen oder -ringen an der Hauswand befestigt. Werden die Schnüre nicht nur senkrecht, sondern auch waagerecht bzw. über Kreuz verspannt, können für sämtliche Kletterformen geeignete Kletterhilfen hergestellt werden (Abmessungen siehe Tabelle Seite 45). Einschränkungen in der Pflanzenauswahl liegen vor allem darin, dass die Schnüre nur eine begrenzte Tragfähigkeit haben. Neben allen **Einjährigen** sind alle **ausdauernden Arten** empfehlenswert, die unter „Drähte“ (Seite 52) aufgeführt wurden.

Ketten aus Metall oder Kunststoff können nur bedingt als Kletterhilfe dienen. Einzelne oder wenige senkrecht verlaufende Ketten nebeneinander bieten den meisten **einjährigen Kletterpflanzen** ausreichend Halt. Als ausdauernde Kletterpflanze ist die Stauden-Wicke (*Lathyrus latifolius*, Blattranker) denkbar. Die ausdauernden Schlinger sind hier nicht geeignet, weil für das Dickenwachstum ihrer Triebe kein ausreichender Platz zur Verfügung steht bzw. Einschnürungen und damit Schädigungen der Pflanze vorprogrammiert sind. Eine netzartige Konstruktion aus Ketten ist mit einem unverhältnismäßig hohen Aufwand verbunden, sodass andere Lösungen, z. B. Verspannungen aus Drähten oder Seilen, sinnvoller sind. Bei Kunststoffketten ist außerdem zu berücksichtigen, dass sie nur eine sehr begrenzte Tragfähigkeit besitzen.

Selbsterdrosselungseffekt bei Starkschlingern

Um bei Starkschlingern den so genannten Selbsterdrosselungseffekt zu verhindern, darf pro Seil nur ein Trieb aufgeleitet werden. Außerdem müssen die Seile eine ausreichende Vorspannung aufweisen. Zu den Starkschlingern zählen: Baumwürger, Blauregen, Geißblatt, Klettergurke, Pfeifenwinde, Schling-Knöterich.

Glasfaserverstärkter Kunststoff (GFK)

GFK-Rundprofile sind sehr variabel einsetzbar und grundsätzlich für **jede Gerüstkletterpflanze** geeignet. Es können Gerüste in nahezu jeder Form und Größe hergestellt werden. Weitere Vorteile sind ein geringes Gewicht und eine extreme Beständigkeit gegenüber Witterungseinflüssen und UV-Strahlen. Fachfirmen bieten Begrünungssysteme aus GFK an, inklusive der zugehörigen Anbringungs- und Verbindungstechnik. Auch Selbstmontage ist möglich.

Gebäudeteile

UND GARTENELEMENTE

Werden Gebäudeteile begrünt, stehen oftmals nur schmale Flächen und niedrige Höhen zur Verfügung. Bei freistehenden Gartenelementen, wie Pergolen oder Sichtschutzzäunen, ist in der Regel ausreichend Platz für ein üppiges Wachstum vorhanden.

Balkone und Dachgärten

Für die Begrünung von Balkonen und Dachgärten mit Kletterpflanzen stehen in der Regel nur kleinere Flächen zur Verfügung. So werden beispielsweise Teile der Fassade, Pergolen oder Sichtschutzelemente vom Balkon oder der Dachterrasse aus begrünt. Besonders dann, wenn beabsichtigt ist, ausdauernde Kletterpflanzen zu verwenden, muss zuvor die Frage der Statik geklärt werden, denn Pflanzen, Kübel und Substrat können ein erhebliches, zusätzliches Gewicht darstellen. Eine Pflanzung der Kletterer im Erdboden und die nachfolgende Aufleitung zu höheren Etagen ist aufgrund baulicher Gegebenheiten nur in Ausnahmefällen möglich. Gerade für Dachgärten sind Kletterpflanzen besonders interessant, da sie weniger Erde benötigen und damit leichter sind als selbsttragende Pflanzen vergleichbarer Größe. Hier kommen Begrünungen leichter Pergolenkonstruktionen oder freistehender Trennelemente besonders zur Geltung.

Kletterpflanzen mit Kübeleignung und bescheidenen Ausmaßen

Clematis (*Clematis alpina, C. × jackmanii, C. viticella*, großblumige Hybriden), Stauden-Wicke, Trompeten-Geißblatt, alle einjährigen Kletterpflanzen.

Hitzefallen

Geschützte Standorte auf Balkonen können sich zweitweise in brandheiße Hitzefallen verwandeln. An solchen Standorten muss ganz auf Kletterpflanzen verzichtet werden.

Extremstandorte

Balkone und Dachgärten sind für alle Pflanzen und somit auch für die Kletterpflanzen in mehrfacher Hinsicht Extremstandorte. Kästen und Kübel bieten nur selten den Entwicklungsraum, den die Pflanzenwurzeln eigentlich brauchen. Auch bei gewissenhafter Pflege (Wässerung, Düngung und Winterschutz) stellen Standorte ohne direkten Erdanschluss aus Pflanzensicht eine Notlösung dar (siehe Seite 87). Weiterhin herrschen oftmals Temperaturextreme (Brandhitze bis Schlagschatten) sowie zum Teil extreme Windbelastungen vor. Andererseits können auf Balkonen oder Loggien auch besonders geschützte Standorte zur Verfügung stehen und somit Arten kultiviert werden, die ansonsten nicht ausreichend winterhart sind.
Wenn also nach geeigneten Kletterpflanzen für die Balkon- oder Dachgartenbegrünung gefragt wird, kann keine generelle Antwort gegeben werden, da von Fall zu Fall unterschiedliche Faktoren zu berücksichtigen sind. Einzig die **Einjährigen** können im Rahmen ihrer allgemeinen Standortansprüche (siehe Tabelle Seite 36) grundsätzlich empfohlen werden. Außerdem besteht die Möglichkeit, eventuelle Fehlentscheidungen schon

Kletterpflanzen tragen wesentlich zur gemütlichen Atmosphäre des Balkons bei.

im darauf folgenden Jahr zu korrigieren.
Auf Seite 88 werden alle ausdauernden Kletterpflanzen aufgeführt, die grundsätzlich für eine Kübelpflanzung geeignet sind. Allerdings ist zu berücksichtigen, dass viele Kletterpflanzen mit Kübeleignung in Bezug auf ihre Wuchsstärke den Balkonrahmen sprengen. Die Angaben „auch raue Lagen möglich; ausgesprochen winterhart“ und „für milde Klimabereiche bzw. geschützte Standorte“ (siehe Tabelle Seite 19) geben ebenfalls wertvolle Hinweise für die Balkoneignung.

Spezialist bei Windbelastung

Die wohl härteste Kletterpflanze gegenüber extremer Windbelastung ist die Pfeifenwinde (*Aristolochia macrophylla*). Abgesehen von den ersten Jahren ist sie außerdem ausgesprochen winterhart. Aufgrund ihres tiefreichenden Wurzelsystems sowie ihrer Empfindlichkeit gegenüber Aus-

Durch Aufleitung vom Erdboden erhält der Blauregen (*Wisteria sinensis*) ausreichend Entwicklungsraum zur Begrünung des relativ kleinen Balkons.

Pflanzenauswahl für Säulen und Stützen an Gebäuden und Carports

Clematis (*Clematis alpina, C. × jackmanii, C. viticella*, großblumige Hybriden), Geißblätter, Klettergurke, Kletterrosen, Kletterspindel, Stauden-Wicke, alle einjährigen Kletterpflanzen.

trocknung ist sie jedoch nur sehr bedingt für Kübel geeignet. Sie müsste vom gewachsenen Boden zum Balkon geleitet werden. Da sie ein ausgesprochen starkes Höhenwachstum (8 bis 10 m) aufweist, ist die Pfeifenwinde ohnehin nicht geeignet, nur geringe Höhen zu bewachsen. Für sie sollte mindestens eine Höhe von 5 m an der Fassade zur Verfügung stehen.

Säulen und Stützen an Gebäuden und Carports

Säulen und Pfosten an Einfamilienhäusern und Carports haben in der Regel Höhen von gut 2 bis etwa 3 m. Die baulichen Gegebenheiten lassen jedoch häufig ein üppig breites, pendelndes Wachstum nicht zu. Pergolen oder Laubengänge, die mitten im Garten stehen, können im Gegensatz dazu wesentlich üppiger begrünt und überwuchert werden.

Eine Pflanzscheibe ist immer sinnvoll und auch fast immer herstellbar. Wie schon im Kapitel „Balkone“ dargestellt, sind Kübelstandorte generell als Notlösung anzusehen. Abgesehen von den Beeinträchtigungen für die Pflanze, fügt sich ein Kübel oder Kasten auch optisch selten günstig an eine Säule oder einen Pfosten. Die Pflanzscheibe sollte auch in beengten Verhältnissen einen Durchmesser von mindestens 50 cm haben.

Da die in der Pflanzenliste genannten Arten Säulen oder Pfosten nicht eigenständig umwinden können, sind

Carport und Pergola verschwinden im Frühjahr unter dem Blütenvorhang der Anemonen-Waldrebe (*Clematis montana*).

Manschettenlösung

Für Stützen mit rundem Querschnitt bieten sich Manschetten mit Abstandhaltern und Seilen an (siehe Abbildung Seite 62). In diesem Fall muss nicht gebohrt werden.

Hier wird die Clematis-Hybride 'Rouge Cardinal' am Pfeiler einer Eingangsüberdachung hochgebunden. Zum selbstständigen Klettern könnte man ein Maschendrahtgeflecht um den Pfeiler legen.

Pflanzenauswahl für Regenfallrohr mit Manschetten-Stahlseilkonstruktion

Einjährige Schlinger: Feuerbohne, Japanischer Hopfen, Prunkwinde, Schwarzäugige Susanne, Sternwinde.

Ausdauernder Schlinger: Trompeten-Geißblatt.

Kletterhilfen wie Schnüre, Seile, Drähte oder Maschendrahtgeflechte anzubringen. Anhaltspunkte hierfür gibt die Tabelle auf Seite 45. Bei Kletterrosen müssen die Triebe direkt am Pfosten aufgebunden werden. Die Kletterspindel benötigt in der Regel keine zusätzliche Kletterhilfe.

Regenfallrohre

Der Versuch, ein Regenfallrohr mit einer Kletterpflanze zu bekleiden, endet meistens mit einem mäßigen bis ungenügenden Ergebnis. Der am häufigsten zu beobachtende Fehler liegt in der Annahme, jedwede Kletterpflanze könne selbstständig an dem Rohr hochklettern. Wenn man festgestellt hat, dass dies nicht der Fall ist, wird die Pflanze notdürftig neben dem Rohr hochgebunden. Ein anderer, folgenschwerer Fehler liegt darin, die Kräfte eines ausdauernden **Starkschlingers** zu unterschätzen. Durch ihr Dickenwachstum entwickeln diese Kletterpflanzen derart starke Kräfte, dass sie Rohre zerdrücken und Befestigungen aus ihren Verankerungen

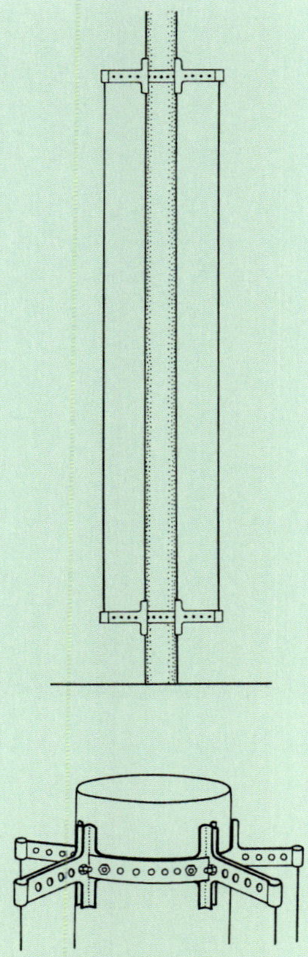

Manschetten-Stahlseilkonstruktion (nach Brandmeier-Systeme, Inzlingen).

reißen können (vgl. Seite 55). Zweckmäßigerweise sollten schwächer wachsende Kletterpflanzen mit einer Kletterhilfe am Regenfallrohr gezogen werden.
Oben stehende Abbildungen zeigen gelungene Möglichkeiten zur Fallrohrbegrünung. Im Falle des **freistehenden Fallrohres** werden mit Hilfe von

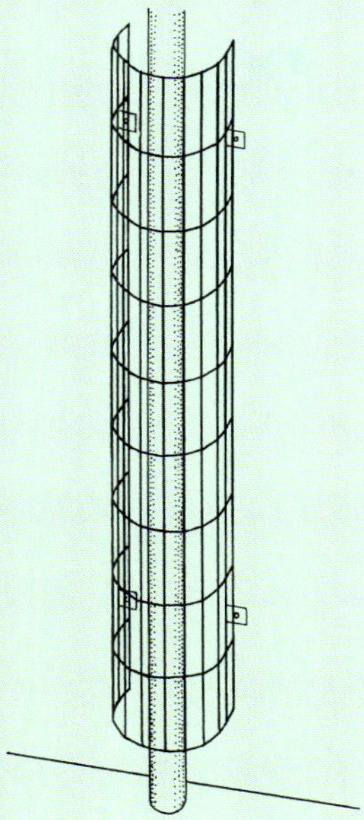

Drahtkorb aus punktgeschweißten Stahldrähten (nach Draht-Christ, Mannheim).

Abstandhaltern an einer Lochbandmanschette **Seile** gespannt, die sich hervorragend für Schlinger eignen. Aus den zuvor genannten Gründen muss jedoch auf alle Starkschlinger verzichtet werden, da diese nach einiger Zeit auch das Rohr selbst umschlingen würden.
Auch bei dem **Drahtkorb** aus punktgeschweißten Stahldrähten dürfen aus diesem Grund keine Starkschlinger verwendet werden. Außerdem stehen die geringe Gesamthöhe und die relativ engen Maschen den

Pflanzenauswahl für Regenfallrohr mit Drahtkorb aus punktgeschweißten Stahldrähten

Clematis (*Clematis alpina, C.* × *jackmanii, C. viticella*, großblumige Hybriden), Stauden-Wicke, Trompeten-Geißblatt, alle einjährigen Kletterpflanzen.

Wuchsanforderungen der Arten entgegen.

Drahthosen für Einjährige und Clematis

Die abgebildeten Gerüste zur Fallrohrbegrünung können bei Spezialanbietern bezogen werden. „Leichtere" Lösungen für einjährige Kletterpflanzen oder Clematis kann man auch selbst herstellen: Drahtgitter werden als Drahthosen um das Rohr herum in den Boden gesteckt. Ein Abstand von mindestens 5 cm zum Rohr muss eingehalten werden.

Pergolen, Rosenbögen und Pavillons

Größere und kleinere Gartenbauwerke, wie **Pergolen, Lauben, Rosenbögen, Pavillons** und **Gartenhäuser,** haben Tradition in der europäischen Gartengeschichte. Ebenso traditionell werden diese Elemente mit Kletterpflanzen begrünt. Für diesen Zweck haben sich der Echte Wein, Rosen und andere Duftpflanzen seit Jahrhunderten bewährt.

Die wichtigsten Funktionen einer Pergola

- Traggerüst für Kletterpflanzen
- Unterteilung und Abtrennung von Bereichen
- Sichtschutz von der Seite und von oben
- Windschutz
- Schattenwurf
- Kühlung durch ungehinderte Luftzirkulation.

Auch in den Freizeitgärten unserer Zeit stehen freistehende Gartenelemente hoch im Kurs. In Baumärkten und Gartencentern werden zahllose Bausätze angeboten. Versierte Hobbyhandwerker oder ortsansässige Handwerksbetriebe stellen Maßanfertigungen her und einige Spezialfirmen bieten „Design-Pergolen“ oder Pavillons als besondere Schmuckstücke an.

Auch als Rahmen für Kübel- und Ampelpflanzen eignet sich eine Pergola.

Pergolen

Die klassische Pergola ist ein stabiles Rankgerüst, das aus drei Elementen besteht: **Stützen, Sattelbalken** und **Oberhölzer**. Die senkrechten Stützen sind als Pfosten oder Pfeiler ausgebildet. Die auf den Stützen liegenden Sattelbalken werden auch Unterzüge, Traghölzer, Träger oder Pfetten genannt. Für die kurzen Oberhölzer gibt es ebenfalls verschiedene Begriffe: Auflagehölzer, Deckhölzer, Auflager, Sparren, Reiter oder Lamellen.

Seit einigen Jahren ist ein regelrechter Pergola-Boom zu beobachten und in den Gartenmärkten werden erweiterte Pergolaformen für unterschiedlichste Gartensituationen als vorgefertigte Bausätze angeboten. Weit verbreitet sind auch laubenähnliche Überdachungen von Sitzplätzen, die häufig

Nach Bepflanzung wird die neu errichtete Pergola den Sitzplatz in eine grüne Laube verwandeln.

Bauhinweise für Kantholzpergolen

- 1. Am zweckmäßigsten werden die Pfosten in Pfostenschuhe gesetzt (a), so dass kein direkter Kontakt Erde/Holz entsteht und der Pfosten möglichst wenig mit Spritzwasser in Berührung kommt (konstruktiver Holzschutz). Der „freie“ Abstand (sichtbarer Steg des Pfostenschuhs) sollte etwa 5 bis 10 cm betragen. Das Betonfundament ist ca. 80 cm tief einzurichten (frostfreie Gründung), bei einem Querschnitt von etwa 30 x 30 cm. Werden Flachstähle anstelle von Pfostenschuhen verwendet (b), sind diese quer zur Stützenreihe anzuordnen. Die Eckpfosten erhalten Verankerungen in beide Richtungen.
- 2. Es gibt verschiedene Möglichkeiten, Pfosten und Sattelbalken miteinander zu verbinden. Drei gängige Varianten werden in der Abbildung dargestellt: Verzapfung von Pfosten und Sattelbalken (a), Verbindung durch Flachstahlwinkel (b), seitliches Anschrauben von zwei schmalen Unterzügen am Pfosten (c).
- 3. Die Oberhölzer werden auf die Sattelbalken gekämmt. Um Wasseransammlungen zu vermeiden, wird der Einschnitt im Oberholz und nicht im Sattelbalken geführt.
- 4. Die Anbindung einer Pergola an eine Hauswand kann z. B. durch das Einlassen von „Schuhen“ mit Winkeln (a) erfolgen. Alternativ kann ein Balken als Konsole am Haus befestigt werden, auf dem die Sattelbalken aufliegen (b).
- 5. Diagonalverstrebungen geben einer Pergola mehr Halt. Für Kletterpflanzen sind zusätzliche Kletterhilfen am Pfosten zu befestigen.

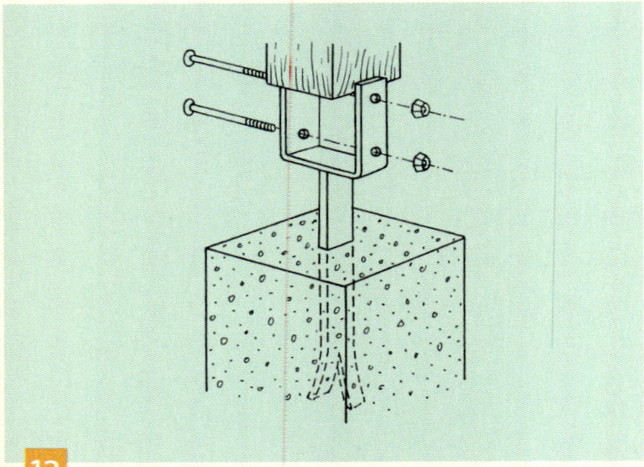

1a

Pfostenschuh.

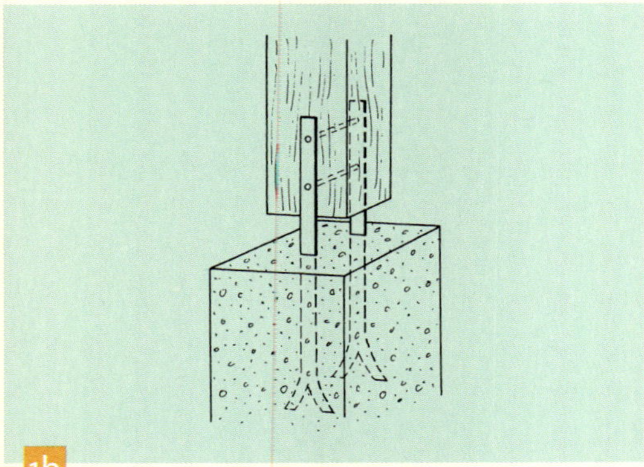

1b

Verankerung mit Flachstählen.

2a

Pfosten-Sattelbalken-Verbindung durch Verzapfen.

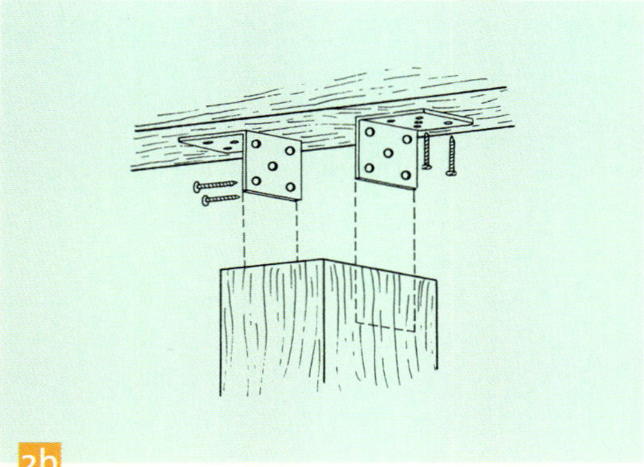

2b

Verbindung durch Flachstahlwinkel.

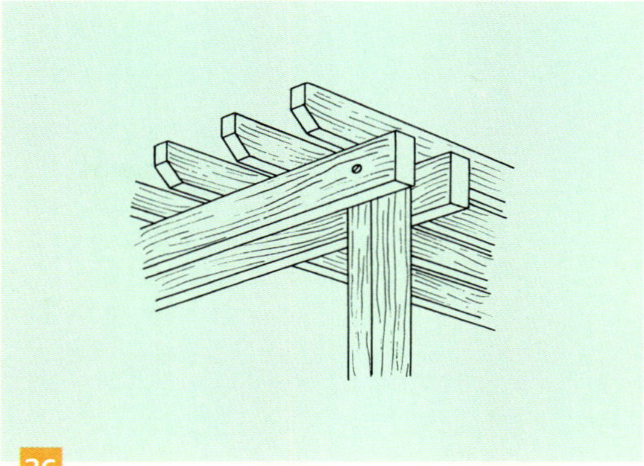

2c

Zwei Unterzüge seitlich am Pfosten verschraubt.

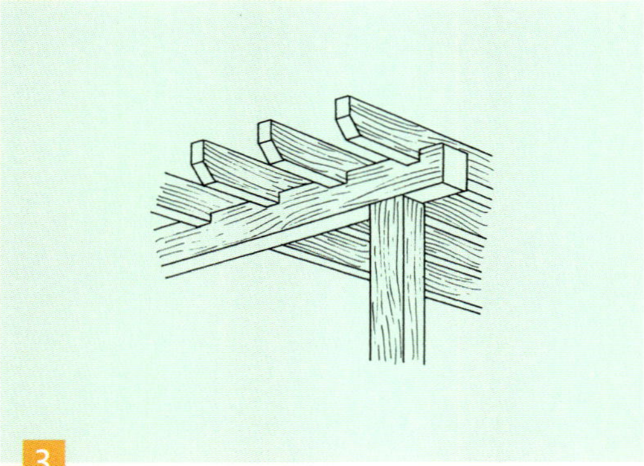

3

Aufkämmen der Oberhölzer auf die Sattelbalken.

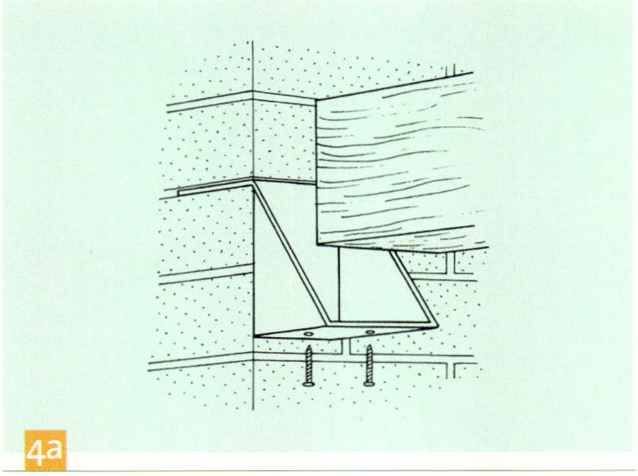

4a

Pergola-Verbindung zur Hauswand durch Schuh mit Flachstahlwinkel.

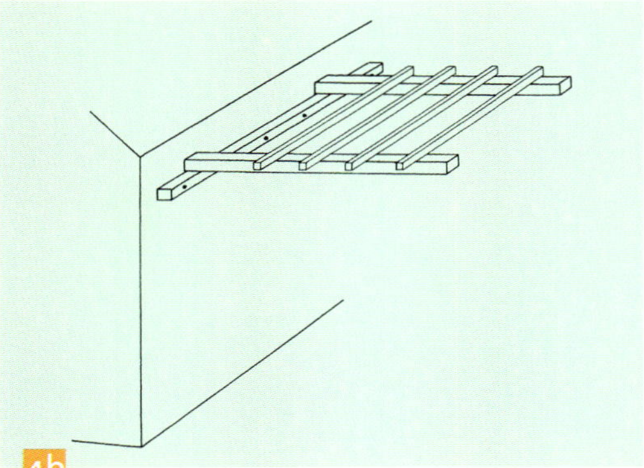

4b

Verbindung durch Balken als Konsole.

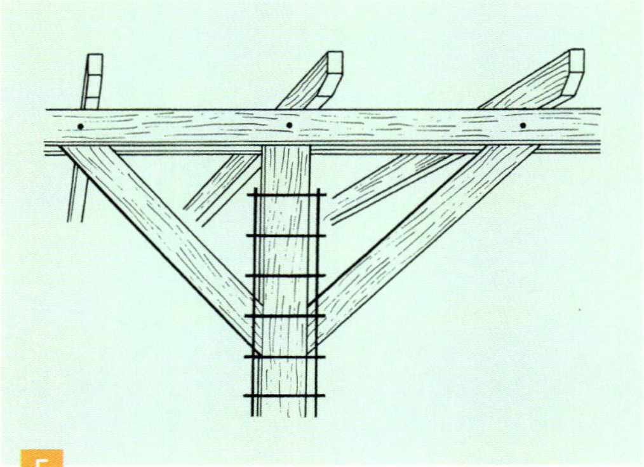

5

Diagonalverstrebungen und Kletterhilfe.

Einbindung der Pergola in den Garten

- Eine Pergola sollte nicht ohne Bezug im Garten stehen, sondern mindestens eine der genannten Funktionen übernehmen.
- Mit einer Verbindung zum Gebäude wertet die Pergola den Übergangsbereich zwischen Haus und Garten auf. Hier entstehen grüne Lauben, die so nah am Haus nur mit Kletterpflanzen realisiert werden können.
- Als Sitzplatzüberdachung sollte eine Pergola bevorzugt in sonniger Gartenlage errichtet werden. Eine ungemütliche, schattige Gartenecke wird auch mit einer Pergola nicht zu einem attraktiven Sitzplatz.
- Pergola, Haus und Grundstück müssen zueinander passen (Größenverhältnisse, Zuschnitt, Material und Farbgebung).

Beim Bau einer Pergola sollten bestimmte Mindestabmessungen nicht unterschritten werden

- Lichte Höhe (Erdboden bis Unterkante Sattelbalken): mindestens 2,20 m
- Stützenabstand: 2,50 bis 3,00 m (maximal 3,50 m)
- Breite eines Laubenganges: mindestens 1,50 m.

an das Wohnhaus oder ein Nebengebäude angelehnt sind.
Grundsätzlich werden zwei Konstruktionsformen unterschieden: die **Auflagepergolen** und die **Rahmenpergolen**. Mit „Auflage“ ist das Aufliegen der Oberhölzer auf den Sattelbalken gemeint (siehe z. B. Abbildungen 2c und 3 auf Seite 67). Bei Rahmenpergolen handelt es sich immer um flächenüberspannende Konstruktionen. Hier werden die tragenden Sattelbalken und die nicht tragenden Hölzer (Oberhölzer) in eine Ebene verlegt und rahmenförmig miteinander verbunden.
Die meisten Pergolen werden aus Holz hergestellt. Es sind aber auch **Materialkombinationen** möglich. So können beispielsweise die Stützen als Pfeiler gemauert sein oder aus Betonelementen, Stahlrohren bzw. Naturstein-Monolithen bestehen.
Bei den Holzkonstruktionen werden Rund-, Kant- oder Lagenholz (Brettschichtholz) unterschieden. Inzwischen werden überwiegend **Kantholzpergolen** gebaut. Diese sind zwar weniger langlebig als Rundholzpergolen,

Tab. 7. Pergolen – Richtmaße für die Stärken der Bauteile (nach Niesel 1995)

Bauteil	Rundholz Durchmesser (mm)	Kantholz Querschnitt (mm)	Lagenholz Querschnitt (mm)
Stützen	100 bis 160	100/100 bis 120/180	80/180 bis 100/200
Sattelbalken	100 bis 160	100/120 bis 120/180	60/160 bis 80/200
Oberhölzer	60 bis 160	60/60 bis 100/160	40/160 bis 60/200

jedoch preisgünstiger und einfacher zu verarbeiten. Übliche Abmessungen für die Stärken der Bauteile werden auf Seite 68 zusammengefasst.

Pavillons und Gartenhäuser

Pavillons eignen sich vor allem für größere Gärten und Parkanlagen. Sie übernehmen in erster Linie schmückende Funktionen, weshalb ihr Standort sorgfältig ausgewählt werden sollte. In Europa werden Pavillons seit dem 16. Jahrhundert in hochherrschaftlichen Gärten errichtet. Die heutigen, meist relativ kleinen Gärten bieten oftmals keine befriedigende Möglichkeit, einen Pavillon wirkungsvoll zu platzieren. Dennoch werden mit dem allgemeinen Baumarkttrend auch Pavillons immer beliebter. Sie sind als Bausätze erhältlich und können in Selbstmontage im Garten aufgestellt werden. Bei der Auswahl des Standortes sollte immer auch die zweckmäßige Nutzung als überdachter Sitzplatz im Vordergrund der Überlegungen stehen.

Noch beliebter als Pavillons sind **Gartenhäuser**, die jedoch in Hausgärten überwiegend eine Stauraumfunktion erfüllen. Hier werden Gartengeräte, und Fahrräder untergestellt, besonders wenn beim Hausbau auf eine Unterkellerung verzichtet wurde. Der Standort für ein Gartenhaus ist nach praktischen Gesichtspunkten (Erreichbarkeit) zu wählen. Kletterpflanzen können die optische Eingliederung des Nebengebäudes in den Gartenraum unterstützen.

Einbindung des Pavillons in den Garten

- Der Pavillon sollte in sonniger Lage errichtet werden.
- Nach historischen Vorbildern sollte die Eingangsöffnung so liegen, dass die Sonnenstrahlen um die Mittagszeit keinen direkten Zugang finden.
- Ein Pavillon sollte mit duftenden Kletterpflanzen (z. B. Rosen und Geißblatt) berankt werden.
- Stark wuchernde Kletterpflanzen (z. B. Schling-Knöterich) sind zu vermeiden, damit das Bauwerk nicht vollkommen verdeckt wird.

An Gittern ergeben sich gute Befestigungsmöglichkeiten für Kletterrosen.

Rosenbögen

Rosenbögen markieren besondere Punkte eines Weges. Sie sollten so gesetzt werden, dass man sie durchschreiten kann.
Stahlrohr ist das traditionelle Material, was jedoch den Nachteil hat, dass es regelmäßig gestrichen werden muss. Dies kann kaum durchgeführt werden, ohne die Pflanzen zu schädigen. Inzwischen überwiegen deshalb Kletterbögen aus Holz, die vielfach in Baumärkten als Bausätze angeboten werden. Besonders beliebt sind Kombinationen mit Zaun- und Sichtschutzanlagen.
Die nebenstehenden Schritt-für-Schritt-Fotos zeigen, wie man einen Rosenbogen aus Baustahlmatten selbst herstellen kann. Handwerkliches Geschick wird dabei vorausgesetzt.

Außenabmessungen eines Rosenbogens

- Höhe: 2,20 bis 2,30 m
- Breite: 1,10 bis 1,60 m
- Tiefe: 0,40 bis 0,70 m

Die runde Form des Bogens wird durch Biegen, beispielsweise um einen Betonring, geschaffen.

Die seitlichen Enden werden gebogen und Aufkantungen angeschweißt.

Seitenteile und Bogen werden passend zurechtgeschnitten. Dabei sollte man auf einen Versatz bei den Nahtstellen achten.

Geschweißt wird in aufrechter Position. Die Einzelteile werden durch eine Hilfskonstruktion gehalten.

Als Rostschutz wurde eine Zinkfarbe aufgetragen.

Bepflanzung der Pergolen, Rosenbögen und Pavillons

Grundsätzlich sind alle Kletterpflanzen für die Begrünung der Gartenbauwerke geeignet. Für Gerüstkletterpflanzen sind in der Regel zusätzliche Kletterhilfen notwendig (siehe Tabelle Seite 45). Unterschiede zu den Fassadengerüsten bestehen in den regelmäßig niedrigeren Begrünungshöhen der freistehenden Gartenelemente. Da mitten im Garten jedoch meistens ausreichend Raum für üppigen Wuchs und pendelnde Triebe vorhanden ist, können die in oben erwähnter Tabelle angegebenen Werte für Mindesthöhen der Klettergerüste bis auf Pergolenmaße unterschritten werden.

Da die meisten Gartenelemente ihre volle Wirkung erst gemeinsam mit der Kletterpflanze entwickeln, sind mehrjährige den einjährigen Arten vorzuziehen. In der ersten Zeit können jedoch einjährige Arten das zögernde Jugendwachstum beispielsweise einer Kletter-Hortensie (*Hydrangea petiolaris*) oder einer Pfeifenwinde (*Aristolochia macrophylla*) überbrücken.

Steht eine Pergola über einer befestigten Fläche, müssen kleine **Pflanzbeete** ausgespart werden. Diese sollten so groß wie möglich bemessen sein. Im Extremfall und bei intensiver Pflege (Wässerung und Düngung) können Größen von 50 × 50 cm bereits ausreichen. Gleichzeitig lockern diese Unterbrechungen die versiegelten Flächen angenehm auf. Kübelpflanzungen können aus gestalterischer Sicht und im Hinblick auf die Bedürfnisse der Pflanzen nur eine Notlösung sein. Da sich alle Kletterpflanzen grundsätzlich zum Licht hin entwickeln, sollte sich die Pflanzstelle an der dunkleren Seite der Konstruktion befinden.

Gerüstkletterpflanzen an Pergolen, Rosenbögen und Pavillons

- **Schlinger** benötigen zusätzliche Spanndrähte, Seile oder weitmaschige Gitter. Starkschlinger (siehe Seite 55) können nach einiger Zeit Stützen bis zu einem Durchmesser von 15 cm umschlingen.
- **Blattstielranker, Blattranker** und **Sprossranker** sind dauerhaft auf zusätzliche Kletterhilfen angewiesen, z. B. Maschendraht oder andere Gittergerüste.
- **Spreizklimmer** können nur durch Anbinden an die Stützen der Bauwerke gehalten werden.

Grünes Dach durch Schlinger

Wenn die Kletterpflanze auch als Abdeckung einer Laube oder Pergola wachsen soll, sind Schlinger (z. B. Blauregen) am zweckmäßigsten. Durch regelmäßiges „Einstecken“ herabhängender Triebe flechten sich diese im Laufe der Zeit in die waagerechten Bauteile einer Laube ein.

Rechte Seite:
Dieser regelmäßige Bewuchs des Kletterbogens wurde durch Leiten und Festbinden von *Clematis × jackmanii* erreicht.

Zuwuchern nicht immer erwünscht

Wuchskraft der Kletterpflanze und Dimension des Gartenelementes sollte man aufeinander abstimmen. Ein bewusst sparsamer Umgang mit der Bepflanzung kann mit einer hohen ästhetischen Wirkung verbunden sein. Bei Pavillons empfiehlt es sich, auf starkwüchsige Schlinger ganz zu verzichten.

Sichtschutzelemente und Zäune

Zäune werden errichtet, um Grundstücksgrenzen sichtbar zu machen. Mensch und Tier sollen davon abgehalten werden, diese zu überschreiten und auch der **Sichtschutz** spielt gegenwärtig eine immer größere Rolle. Die Gartengestaltung in der heutigen Zeit hat oftmals die Aufgabe, auf kleinen Grundstücken optimale Nutzungsmöglichkeiten für die Hausbewohner einzurichten. Dabei ist zu berücksichtigen, dass erst dann eine private Atmosphäre entsteht, wenn fremde Blicke draußen bleiben. Selbstverständlich wirkt eine Strauchreihe oder Schnitthecke gefälliger als eine „Bretterwand". Diese kann jedoch begrünt werden und kommt mit einem schmalen Streifen von insgesamt etwa 30 bis 40 cm Breite aus. Ein weiterer Vorteil des Sichtschutzzaunes besteht darin, dass die Schutzwirkung sofort eintritt, während eine Hecke einige Jahre zu ihrer Entwicklung benötigt.

Abschirmung gegen Blicke und Wind

Freistehende Sichtschutzelemente werden z. B. errichtet, um Terrassen abzuschirmen. Oft kommen diese auch nur zeitweise zum Einsatz, bis Gehölze an der Grundstücksgrenze Sichtschutzhöhe erreicht haben. Sichtschutzblenden werden auch gezielt als **Windschutz** errichtet. Da eine Windbelastung zwangsläufig auftritt, sollten die Pfosten der Sichtschutzelemente in jedem Fall in Fundamente gesetzt oder in den Boden eingeschlagen werden.
Bei Sitzhöhe reicht ein Sichtschutz von 1,50 m aus, ansonsten ist von 1,80 bis 2,00 m auszugehen. Für alle Zäune an Grundstücksgrenzen gelten **rechtliche Bestimmungen**, wie Nachbarrechtsgesetze, gemeindliche Satzungen und Bebauungspläne. Genaue Auskunft gibt die Gemeindeverwaltung.
Sichtschutzzäune und -elemente werden überwiegend aus Holz errichtet und über den Holzfachhandel oder einen Baumarkt bezogen. Man unterscheidet **Rahmenkonstruktionen** und **Riegel-Pfosten-Konstruktionen** (siehe Abbildung Seite 77). Transparente Sichtschutzwände (z. B. Gitter) erfüllen erst nach vollständiger Berankung ihre Funktion. Hier werden überwiegend Rahmenkonstruktionen verwendet. Zierelemente, wie Spitzbögen und Pfostenaufsätze, sollten nur sparsam eingesetzt werden. Schlichte Lösungen wirken auch hier am überzeugendsten; für Abwechslung ist die Bepflanzung zuständig.

Dieser grobmaschige Drahtzaun bietet der einjährigen Duftwicke (*Lathyrus odoratus*) eine hervorragende Kletterhilfe.

Sichtschutzelemente an der Terrasse ermöglichen eine private Atmosphäre.

Bepflanzung der Sichtschutzelemente und Zäune

Für die Bepflanzung der Sichtschutzelemente gilt sinngemäß das zu Pergolen, Rosenbögen und Pavillons Gesagte. Gerüstkletterpflanzen benötigen in den meisten Fällen eine zusätzliche Kletterhilfe.

Eine sehr lebendige Wirkung wird erzielt, wenn sich Kletterpflanzen, Stauden und niedrige Gehölze vor einer Sichtschutzwand abwechseln. Eine solche Rabatte sollte mindestens 1 m breit sein (siehe Abbildung Seite 77).

Zäune, die nicht in erster Linie Sichtschutzfunktionen übernehmen, sind in der Regel niedriger als 1,80 m. Es sind viele Zaunmodelle auf dem Markt, die hier nicht im einzelnen besprochen werden können. Einige lassen sich sehr gut mit Kletterpflanzen begrünen, eine Möglichkeit, die noch relativ selten genutzt wird. Einschränkende Faktoren bei der Pflanzenauswahl sind die niedrigen Höhen. Je nach Zaunart sind auch hier zusätzliche Schnüre oder Drähte erforderlich. Zum Teil wird ein Querleiten und Anbinden unumgänglich. Clematis und Stauden-Wicke sind vor allem für **Maschendrahtzäune** sehr gut geeignet.

Grundsätzlich gilt: Je höher der Zaun, um so reichhaltiger ist die Auswahl an Arten und Sorten.

Montage von Sichtschutzelementen

1 Zunächst werden die Löcher für die Verankerung der Pfosten ausgehoben (Tiefe ca. 80 cm, Querschnitt ca. 30 cm). Die Pfosten werden mit dem H-Anker verschraubt, in die Ankerlöcher gestellt und provisorisch mit Dachlatten fixiert.

2 Die Pfosten müssen auf die genauen Abstände gebracht werden. Dabei können die Sichtschutzblenden als Abstandsschablonen dienen.

3 Der lotrechte Stand der Pfosten wird mit der Wasserwaage geprüft. Der Höhenverlauf ist am besten mit einer Spannschnur zu kontrollieren.

4 Nachdem die Pfostenabstände nochmals kontrolliert wurden, werden die Pfostenanker einbetoniert. Ist der Beton ausgehärtet, können die Sichtschutzfelder eingesetzt werden.

5 Zur Befestigung der Pfosten auf einer Betonfläche oder einem vorhandenen Fundament werden Dübelanker verwendet.

6 Pfostenanker zum Einschlagen bieten die schnellste Möglichkeit, einen Pfosten zu setzen. Mit einem schweren Hammer kann der Anker jedoch nur in relativ weiche Böden eingeschlagen werden. Eine nachträgliche Ausrichtung ist durch eine bewegliche Hülse möglich.

1

2

3

4

5

6

7 Bei größeren Windbelastungen können zusätzlich angebrachte Sturmankerlaschen eine größere Stabilität gewährleisten.

Zeichnung rechts:
Sichtschutzzäune als Rahmenkonstruktion und als Riegel-Pfosten-Konstruktion.

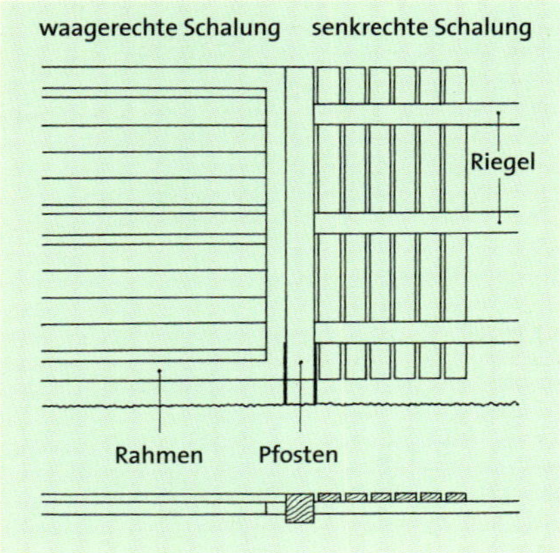

Pflanzenauswahl für niedrige Zäune

Höhen ab 1,20 bis 1,50 m:

Alpen-Waldrebe, einjährige Kletterpflanzen, Kletterrosen (niedrige Sorten), Kletterspindel, Stauden-Wicke, Winter-Jasmin.

Kletterpflanzen, Gehölze, Gräser und Stauden verkleiden die Sichtschutzwand. Linker Bildrand: Immergrünes Geißblatt (*Lonicera henryi*).

Holz

FÜR GARTENELEMENTE

Rankgerüste, Pergolen, Rosenbögen und Sichtschutzzäune werden überwiegend aus Holz gebaut. Holzfachhandel und Baumärkte bieten eine reichhaltige Auswahl an. Entscheidend für die Haltbarkeit von Holzelementen im Freien ist die Wahl des Holzes. Gezielte Schutzmaßnahmen verlängern die Lebensdauer.

Giftfreie Lasuren

Ist ein Holzschutzanstrich notwendig, sollten nur giftfreie Lasuren verwendet werden. Diese basieren auf Pflanzenharzen und -ölen, die einen wirksamen Schutz gegen Insekten- und Pilzbefall bieten.

Maßnahmen des konstruktiven Holzschutzes

- Vermeidung des direkten Kontaktes Erde/Holz,
- Abschrägen freistehender Pfostenköpfe,
- Abschrägen der Oberhölzer-Enden,
- Vermeidung von Wasseransammlungen besonders auch an Ecken, Stößen und Schraublöchern.

Als **heimische Hölzer** für Gartenelemente werden vor allem Kiefer, Fichte und Lärche angeboten. Kiefer und Fichte besitzen in druckimprägnierter Form eine gute Haltbarkeit. Zur Verwendung **druckimprägnierter Hölzer** sind die Meinungen derzeit noch strittig. Es ist davon auszugehen, dass mit der Imprägnierung giftige Schwermetalle im Holz festgelegt werden. Diese waschen zwar nicht aus – es besteht also auch für Kinderspielplätze keine Bedenklichkeit –, machen das Material aber zu Sondermüll, wenn es ausgedient hat.
Lärchenholz wird nicht druckimprägniert; es besitzt von Natur aus eine gute Haltbarkeit. Nach Jahren nimmt Lärche ihre typische silbrig-graue Farbe an.

Hölzer aus anderen Erdteilen

Aufgrund ihrer sehr guten Haltbarkeit im Freien werden zunehmend **tropische Harthölzer** (z. B. Bangkirai = Megano, Iroko, Mangilan) und die Kanadische Rotzeder (Western Red Cedar) für den Bau von Gartenelementen verwendet. Die Problematik liegt in der Gefährdung der Wälder, aus denen das Holz stammt. Jahrzehntelanger Raubbau zieht schwerwiegende Folgen für das ökologische Gleichgewicht nach sich. Hinzu kommen die ökologischen und sozialen Auswirkungen in den betroffenen Ländern. Sofern das Holz aus nachhaltiger Forstwirtschaft (Plantagenanbau) stammt, kann seine Verwendung akzeptiert werden. Eine Kontrolle hierüber und die Sicherheit, dass das Holz nicht doch aus Primärwäldern stammt, ist derzeit jedoch nicht immer lückenlos gewährleistet.

Schutzanstriche

Als Schutzanstriche sind Naturharzöllasuren den Lacken vorzuziehen, da diese in das Holz eindringen und nicht abwittern. Die Lasuren wirken wasserabweisend; das Holz behält trotzdem seine Atmungsfähigkeit. Druckimprägnierte Hölzer bekommen keinen zusätzlichen Schutzanstrich. Für tropische Harthölzer, die Kanadische Rotzeder und die Lärche werden Ölgrundierungen empfohlen, wenn der Farbton erhalten bleiben soll.

Kiefer und Fichte sind die traditionellen Gartenhölzer. Die Elemente werden vom Hersteller druckimprägniert, sodass man von einer mindestens 15-jährigen Haltbarkeit ausgehen kann, wenn auftreffendes Wasser abfließen kann und kein direkter Erde-Holz-Kontakt besteht.

Konstruktiver Holzschutz

Wesentlich für alle Bauteile ist das Vermeiden von Wasseransammlungen, die zum vorzeitigen Holzzerfall führen. Die Oberflächen sind derart zu gestalten, dass Wasser abfließen kann. Wenn Maßnahmen des konstruktiven Holzschutzes konsequent durchgeführt werden, kann die Lebensdauer bei Harthölzern und druckimprägnierten Hölzern 15 bis 25 Jahre betragen.

Bepflanzung anlegen

UND PFLEGEN

Die sorgfältige Auswahl der Kletterpflanzen ist eine grundlegende Voraussetzung für eine erfolgreiche Begrünung. Damit der Erfolg von Dauer ist, sind wichtige Punkte beim Kauf, bei der Pflanzung und der Pflege zu berücksichtigen.

Was beim Kauf zu beachten ist

Ausdauernde Kletterpflanzen werden in Baumschulen, Spezialbaumschulen, Gartencentern sowie Bau- und Supermärkten angeboten.
Grundsätzlich kann man beim Kauf in einem Fachbetrieb von einer guten Ware und einer fachkundigen Beratung ausgehen. Ware aus Gartencentern oder großen Märkten muss jedoch nicht von schlechterer Qualität sein. Auch in Baumschulen werden die Kletterpflanzen oftmals dazugekauft, also nicht auf eigenen Flächen gezogen.
Die ausdauernden Kletterpflanzen werden überwiegend in Töpfen verkauft, was das Anwachsen zu jeder Jahreszeit ermöglicht. Einige Baumschulen bieten ballenlose Ware zu den **Pflanzzeiten** im Frühjahr und Herbst an. Diese wird preisgünstiger verkauft und Probleme beim Anwachsen sind in dieser Zeit nicht zu erwarten.

Qualitätsmerkmale beim Kauf

- Anzahl der Verzweigungen: 3 bis 5 Triebe,
- Laub: sattgrüne Farbe,
- Blüten: je nach Pflanzenart und Jahreszeit; gesunde, kräftige Blütenansätze,
- keine Verletzungen,
- keine Schädlinge,
- Ballenfeuchtigkeit bei Containerpflanzen.

Die Gesamtlänge der Jungpflanzen beim Kauf ist von untergeordneter Bedeutung. So genannte **Solitärpflanzen**, die schon beim Kauf Längen von 1,50 m und mehr aufweisen, sind teuer und nur relativ unzweckmäßig einzusetzen. Der Klettermechanismus der Gerüstkletterpflanzen und Selbstklimmer ist an das Wachstum gebunden. Das heißt, gewachsene Triebe nehmen eine neue Kletterhilfe oder eine Fassade nachträglich nicht an. Die Pflanze muss dann über die gesamte, vorher gewachsene Länge angebunden bzw. festgeheftet werden.
Spezialbaumschulen bieten eine über die Standardauswahl hinausgehende Palette von Arten und Sorten an, die der Liebhaber über den Versandhandel beziehen kann (Adressen Seite 92). Hier ist durchweg von einer guten Qualität auszugehen. Misserfolge beim Anwachsen sind nicht öfter zu erwarten, als es auch einmal nach einem Kauf in einer regionalen Baumschule der Fall sein kann. Pflanzen überleben den Transport unbeschadet, wenn sie fachmännisch dafür vorbereitet sind.
Einjährige Kletterpflanzen können als Samen in der Tüte gekauft und selbst gezogen werden. Vorgezogene Pflanzen sind in Blumengeschäften und Gartencentern erhältlich. Hier besteht der Vorteil, dass die mit gartenbautechnischen Mitteln kultivierten Pflanzen kräftiger sind und zeitiger blühen. Für den deutlich höheren Preis wird der Pflanzenliebhaber angemessen entschädigt.

Pflanzung Schritt für Schritt

1. **Pflanze tauchen**
   Getopfte Pflanzen werden einige Stunden in einen Wassereimer gestellt, bis der Ballen wassergesättigt ist.
2. **Pflanzloch graben**
   Das Pflanzloch wird großzügig bemessen, mindestens doppelt so breit und so tief wie die Ausmaße des Wurzelballens. Günstig sind 60 × 60 × 60 cm (Länge × Breite × Tiefe). Bei freistehenden Gerüsten wird direkt am Gerüstfuß gepflanzt. Zu einer Hauswand sind mindestens 30 cm Abstand einzuhalten, um aus der Trockenzone in unmittelbarer Mauernähe herauszukommen. Unter Dachüberständen können 60 bis 80 cm erforderlich sein.
3. **Pflanze stäben**
   Die Pflanze wird mit einem Stab zur Wand bzw. zum Gerüst geleitet. Am Gerüst wird der Stab festgebunden. Selbstkletterer werden mit Heftstreifen an der Fassade festgeklebt. Muss ein größerer Abstand von der Pflanzstelle bis zur Fassade überbrückt werden, empfiehlt es sich, Pflanze samt Leitstab mit einer Maschendrahthose zu umgeben (siehe Abbildung Seite 86). So werden die jungen, oft bruchanfälligen Triebe vor Beschädigungen geschützt.
4. **Aushub mischen**
   Die entnommene Erde wird – je nach Bodenqualität – bis zur Hälfte mit Rindenkompost oder abgelagerter Komposterde gemischt. Bei schweren Ton- oder Lehmböden wird außerdem Sand, bei leichten Sandböden Lehm hinzugegeben (jeweils etwa ein Drittel). Als organische Vorratsdünger können z. B. Knochenmehl oder Hornspäne beigemischt werden.
5. **Ballen lockern**
   Der Wurzelballen einer Containerpflanze wird seitlich etwas gelockert. Bei „wurzelnackten“ Pflanzen müssen verletzte und geknickte Wurzeln mit einer scharfen Schere abgeschnitten werden.
6. **Pflanze einsetzen**
   Die Pflanze wird so weit in den Boden gesetzt, wie sie vorher im Container bzw. im Boden der Baumschule gestanden hat, ausgenommen die Kletterrose und die Clematis (Veredlungsstelle einer Rose ca. 5 cm, Wurzelansatz einer Clematis etwa 15 cm unterhalb der Erdoberfläche).
7. **Boden anfüllen**
   Der Boden wird angefüllt und kräftig angedrückt bzw. festgetreten.
8. **Dränagerohr eingraben**
   Für die spätere, gezielte Bewässerung und gegebenenfalls Flüssigdüngung wird in Wurzelnähe ein durchlöchertes Kunststoffdränagerohr eingegraben und mit Kies gefüllt.
9. **Pflanzstelle wässern**
   Danach wird die ganze Pflanzstelle kräftig gewässert. Dadurch schlämmt das Substrat ein und größere Hohlräume verschwinden.
10. **Pflanzstelle mulchen**
    Es wird eine Mulchschicht aufgetragen, ca. 5 bis 10 cm stark.
11. **Pflanze festbinden**
    Für alle Kletterpflanzen bedeutet anfängliches Festbinden und Anheften eine wertvolle Starthilfe. Die Bindestellen müssen locker geführt und bei ausdauernden Schlingern später entfernt werden. Hierdurch werden Einschnürungen nach dem Dickenwachstum der Triebe vermieden.
12. **Pflanze stutzen**
    Um das flächige Wachstum einer Kletterpflanze zu fördern, müssen schon die jungen Pflanzen gestutzt werden. Eine frühzeitige Verzweigung wird durch das Beschneiden junger Triebe direkt oberhalb einer Blattansatzstelle gefördert. So treiben vermehrt Seitenachsen aus und das aufstrebende Höhenwachstum wird unterbrochen (zu Rosen und Clematis siehe Seiten 24 und 29).

Pflanzen wachsen zum Licht

Die Hauptwuchsrichtung der Pflanzen orientiert sich am Licht. Deshalb sollte sich bei freistehenden Klettergerüsten die Pflanzstelle an der dunkleren Seite der Konstruktion befinden. Soll eine Kletterpflanze um eine Hausecke herumwachsen, muss auch an der dunkleren Seite gepflanzt werden.

Vorteile durch Mulchen

- Verhinderung der Verschlämmung und damit Verdichtung des Bodens,
- Förderung des Bodenlebens,
- Halten der Feuchtigkeit,
- Freisetzung von Nährstoffen bei Zersetzung,
- Fernhaltung von Samenunkräutern.

Die Schicht kann aus Rindenhumus, Laub, Kompost oder Rasenschnitt bestehen.

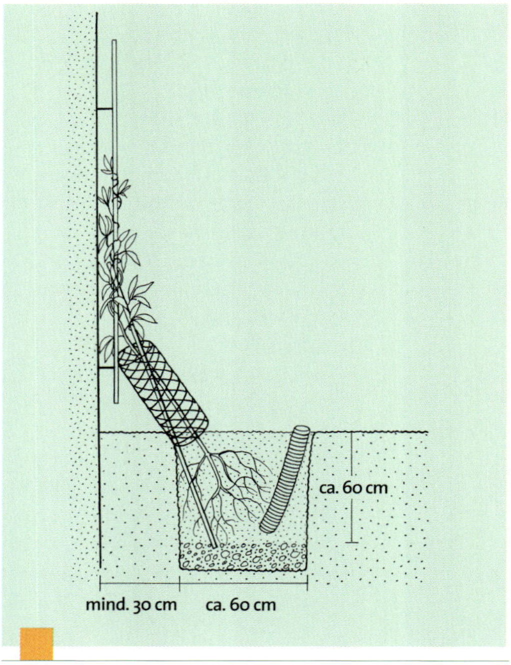

Pflanzung an einer Hauswand.

Pflanzung in den Gartenboden

Wie schon erwähnt, können getopfte Pflanzen (Containerpflanzen) zu jeder Jahreszeit ausgepflanzt werden. Pflanzungen bei Frost, Gluthitze oder völlig durchnässtem Boden sollten vermieden werden. Bei Gerüstkletterpflanzen ist vor der Pflanzung das Gerüst anzubringen bzw. das freistehende Klettergerüst aufzustellen. Bei Pflanzung an einer Fassade ist zu prüfen, ob die Wand durch eine Isolierung im Bodenbereich geschützt werden muss.

Besonderheiten des Standorts

Bei verdichteten Böden (z. B. in Hausnähe durch Bautätigkeit) oder vergrabenem Bauschutt sind **bodenverbessernde Maßnahmen** notwendig. Bei Verdichtungen wird die Oberfläche der Pflanzgrube mit einer Spitzhacke aufgerissen und der Grund mit einer 10 cm starken Schicht aus grobem Kies belegt. Sind hohe Bauschuttanteile vorhanden, wird der Boden komplett ausgetauscht (Mischung aus Gartenerde von unbelasteter Stelle plus verbessernde Stoffe, siehe Seite 85, Punkt 4).
Wird ein **Kiesstreifen** als Spritzschutz an der Hauswand vorgesehen (Breite ca. 40 cm, Tiefe ca. 20 cm), ist die Pflanze in jedem Fall davor zu setzen. Die Pflanzgrube wird gegebenenfalls mit einem Filtervlies zum Kiesstreifen hin ausgekleidet. Mit einem Stab wird die Pflanze zur Wand geleitet.

Befindet sich die **Pflanzfläche im Rasen**, ist die Grasnarbe auf einer möglichst großen Fläche um die Pflanze herum abzustechen (mindestens 1 × 1 m). Gräser stellen eine starke Konkurrenz für die Kletterpflanze dar (Wasser und Nährstoffe). Aus Gründen der Pflegevereinfachung sollte zum Rasen hin eine Mähkante gesetzt werden.
Ist die Pflanzstelle von einer **befestigten Fläche** umgeben, sollte 1 m² offener Boden zur Verfügung gestellt werden. Bei intensiver Pflege sind selbst Pflanzbeetgrößen von nur 50 × 50 cm einer Kübelpflanzung immer vorzuziehen.

Pflanzung in Kübeln und Kästen

Eine Pflanzung der Kletterer in Kübeln ist grundsätzlich als Notbehelf anzusehen. Risiken sind hier vor allem das schnelle Austrocknen sowie die Gefahr von Staunässe und Frostschäden. Vorzuziehen ist es, einige Platten oder Pflastersteine aufzunehmen, wenn von einer befestigten Fläche aus begrünt werden soll.

Kübelmaße

Ist eine Kübelpflanzung unumgänglich, sollte das Gefäß so groß wie möglich bemessen sein. Standard-Balkonkästen mit den Innenmaßen 12 bis 15 cm (Breite) × 50 bis 100 cm (Länge) × 12 bis 15 cm (Höhe) sind grundsätzlich nicht geeignet. Auch

Pflanzabstände bei Pflanzung in den Gartenboden

Ausdauernde Kletterpflanzen

0,50 bis 1,00 m:	Kletterspindel
1,00 bis 2,00 m:	Clematis (*Clematis alpina, C. × jackmanii*, großblumige Hybriden)
	Dreilappiger Wilder Wein
	Efeu
	Geißblatt (*Lonicera × brownii, L. × heckrottii*)
	Klettergurke
	Kletter-Hortensie
	Stauden-Wicke
2,00 bis 3,00 m:	Fünfblättriger Wilder Wein
	Geißblatt (*Lonicera henryi, L. periclymenum, L. × tellmanniana*)
	Hopfen
	Italienische Waldrebe
	Kiwi
	Kletterbrombeere
	Kletterrose
	Mongolische Waldrebe
	Trompetenblume
	Weinrebe
	Winter-Jasmin
3,00 bis 4,00 m:	Anemonen-Waldrebe
	Blauregen
	Baumwürger
	Gemeine Waldrebe
	Pfeifenwinde
	Scharlach-Wein
	Schling-Knöterich

Einjährige Kletterpflanzen

siehe Kulturhinweise auf den Samentüten.

Für die Kübelpflanzung geeignet

Baumwürger, Blauregen, Clematis, Efeu, Geißblatt, Hopfen, Kiwi (*Actinidia kolomikta*), Klettergurke, Kletter-Hortensie, Kletterspindel, Schling-Knöterich, Stauden-Wicke, einjährige Kletterpflanzen.

einjährige Kletterpflanzen kämpfen in diesen Behältnissen um ihr Überleben; ein mehrmaliges Gießen am Tag wird an sonnigen Standorten notwendig.

Die Pflanzenauswahl „für Kübel geeignet" setzt eine intensive Pflege und Kübel-Größenordnungen von 80 cm (Breite) × 80 cm (Länge) × 40 cm (Höhe) voraus. Bei Töpfen muss von einem 80- bis 100-cm-Durchmesser ausgegangen werden. Daraus errechnen sich etwa 200 bis 300 Liter Substrat (1 m^3 = 1000 Liter).

Für einige weniger starkwüchsige Arten, wie z. B. Clematis-Hybriden, könnte ein kleineres Gefäß (Innendurchmesser ca. 50 cm, Höhe ca. 40 cm) ausreichen. Gefäßhöhen von weniger als 40 cm sollten für ausdauernde Kletterpflanzen nicht zum Einsatz kommen.

Bei Auspflanzung ins Erdreich Zusatzbewässerung notwendig

- **im Regenschatten (reine Süd- und Ostlagen),**
- **unter Traufüberständen,**
- **bei sehr kleinen Pflanzflächen,**
- **bei allen Neuanpflanzungen,**
- **während längerer Trockenperioden.**

Intensive Pflege

Zur Vorbereitung der Kübelpflanzung und zur Pflege sind folgende Punkte zu beachten:

- Herstellen eines Wasserabzuges mit einer Dränageschicht z. B. aus Kies oder Blähton (Gewicht!).
- Substratmischung z. B. aus $^1/_3$ Komposterde, $^1/_3$ Sand und $^1/_3$ Rindenhumus.
- Langzeitdünger im ersten Jahr; Langzeitdünger oder mineralischer Flüssigdünger ab dem zweiten Jahr.
- Häufiges Gießen im Sommer.
- Bei automatischer Bewässerung: Regelmäßiges Überprüfen des Systems.
- Als Frostschutz: Auskleiden des Gefäßes mit Styroporplatten bzw. Umwickeln mit Schilfmatten oder Noppenfolie.
- Regelmäßiger Schnitt der Pflanze als Ausgleich für beengte Wurzelverhältnisse.

Fachgerechte Pflege

Zu den Pflegemaßnahmen bei Kletterpflanzen gehören Wässern, Düngen, Schnitt, Winterschutz sowie Krankheits- und Schädlingsvorsorge. Je nach Art sind verschiedene Punkte zu berücksichtigen.

Wässerung

Ob und wie viel eine Kletterpflanze gewässert werden muss, hängt von diversen Faktoren ab (siehe links). Vor allem Fassadenstandorte neigen zur Trockenheit.

Einige Kletterpflanzen sind besonders auf regelmäßige Feuchtigkeit angewiesen, wie die Kiwi-Arten (*Actinidia*) oder Clematis-Hybriden. Andere kommen mit trockenen Böden gut klar, wie z. B. der Baumwürger (*Celastrus orbiculatus*) und die Trompetenblume (*Campsis radicans*). Grundsätzlich werden ältere Pflanzen weniger durch Trockenheit beeinträchtigt als Jungpflanzen.

Düngung

Inwieweit eine Düngung erforderlich ist, ist im Wesentlichen abhängig von Pflanzenart und Bodengüte. Die Kletterrose ist z. B. wesentlich anspruchsvoller als der Schling-Knöterich. Ein nährstoffarmer Sandboden benötigt eine höhere Menge als ein Lehmboden, der von Natur aus nährstoffreicher ist. Weiterhin spielt eine Rolle, ob regelmäßig gemulcht wird und welche Art der Düngung vorgenommen werden soll.

Düngemittel werden grob unterschieden in organische und mineralische Dünger. Zu den **organischen Düngern** gehören Blutmehl, Knochenmehl, Hornspäne, Rizinusschrot, Stallmist und Komposterde. Im Handel werden außerdem technisch aufbereitete Präparate, wie „Oscorna" oder „Nitralit" angeboten. Organische Dünger sind erst nach Umsetzung durch die Bodenlebewesen für die Pflanze verwertbar. Da die Umsetzung ganz allmählich stattfindet, stellen diese Düngeformen langsam fließende Nährstoffquellen dar. Eine

Die einjährigen Kletterpflanzen (hier: Schwarzäugige Susanne, *Thunbergia alata*) sind besonders auf eine gute Nährstoffversorgung angewiesen.

Überdüngung ist praktisch nicht möglich. Wird das Pflanzbeet regelmäßig mit einer Mulchdecke versehen (siehe Seite 86), bedeutet dies eine kräftige organische Düngung für die Pflanze. Es wird ein dunkler, humoser, krümeliger Gartenboden gefördert, der beste Wachstumsbedingungen bietet.

Steht kein Mulchmaterial, wie Rasenschnitt oder Kompost, zur Verfügung, ist im Frühjahr eine organische Voll-

Totaler Rückschnitt möglich

Baumwürger, Blauregen, Clematis (ausgenommen großblumige Hybriden), Geißblatt, Kletterbrombeere, Kletterspindel, Pfeifenwinde, Weinrebe, Wilder Wein, Winter-Jasmin.

düngung grundsätzlich empfehlenswert.

Soll der Boden **mineralisch**, also mit einem „Kunstdünger“ aufgebessert werden, ist in jedem Fall eine vorherige Bodenuntersuchung anzuraten. Diese werden z. B. von den Landwirtschaftskammern angeboten. Das Untersuchungsergebnis enthält gegebenenfalls eine Düngeempfehlung. Bei jeder mineralischen Düngung sollte man sich strikt an die Dosierungsanleitung halten, da Überdüngungen für die Pflanzen, das Bodenleben und das Grundwasser nachteilige Auswirkungen mit sich bringen.

Bei der Pflanzung ist – wenn überhaupt – nur organisch zu düngen. Für Rosen und Clematis sind weitere Gesichtspunkte zu berücksichtigen (siehe Seiten 23 und 28).

Schnitt

Die Frage nach dem notwendigen oder möglichen Schnitt einer Kletterpflanze ist ebenfalls nicht generell zu beantworten. Spezielle Hinweise zur Kletterrose und zu Clematis finden sich ab Seite 24. Einjährige Pflanzen sterben in der Regel mit den ersten Nachtfrösten ab. Sie werden dann ganz heruntergeschnitten. Die Kletterstauden Hopfen und Stauden-Wicke sind jährlich bis zum Erdboden zurückzuschneiden, da alle oberirdischen Teile im Herbst absterben. Alle übrigen Kletterpflanzen müssen im Allgemeinen nicht regelmäßig geschnitten werden.

Spezielle Gesichtspunkte sind z. B. zur Förderung des Fruchtansatzes (Weinrebe, Kiwi) oder beim Formschnitt (Winter-Jasmin) zu beachten. Aus Platzgründen kann hierauf nicht näher eingegangen werden. Um **Aufkahlungserscheinungen** (unten kahl, oben dicht belaubt) z. B. bei den Geißblättern abzumildern, werden einzelne Triebe bis zur untersten Verzweigung in Erdbodennähe heruntergeschnitten. Viele Kletterpflanzen vertragen einen **Totalrückschnitt**, wenn dies beispielsweise aus Platzgründen, bei nachlassendem Wachstum der Triebe oder abnehmender Blühfreudigkeit notwendig ist. Dabei sollte nach Möglichkeit ein gewisses Grundgerüst oder zumindest ein Haupttrieb erhalten bleiben. Starke Eingriffe sind möglichst im Spätherbst, Winter oder zeitigen Frühjahr vorzunehmen.

Bei Jungpflanzen leichter Winterschutz erforderlich

Blauregen, Kiwi, Klettergurke, Kletterrose, Pfeifenwinde, Trompetenblume, Weinrebe, Winter-Jasmin.

Winterschutz

Für viele Kletterpflanzen ist ein leichter Winterschutz in den ersten Jahren ratsam, wenngleich die überwiegende

Zahl der in diesem Buch behandelten Arten in unserem Klimabereich als winterhart gilt. Auf Seite 90 sind Klettergehölze aufgeführt, die als Jungpflanzen im Wurzelbereich und an der Stammbasis mit Tannen- oder Fichtenreisig abgedeckt werden sollten (20 bis 30 cm hoch). Dies ist besonders in kalten Lagen erforderlich.
Die Immergrünen (siehe Tabelle Seite 19) und auch der Winter-Jasmin (*Jasminum nudiflorum*) sollten im Herbst und an frostfreien Tagen im Winter gut mit Wasser versorgt werden. Wassermangel erhöht besonders bei den Immergrünen die Frostempfindlichkeit, da diese auch im Winter über ihre grünen Blätter Wasser verdunsten.
Weiterhin ist für wärmebedürftige Arten (siehe Tabelle Seite 21) die Himmelsrichtung bei der Standortwahl sorgsam abzuwägen. In Nord- und Schattenlagen führt fehlende Besonnung zu einer unzureichenden Holzreife im Herbst. In reinen Südlagen kommt es zu einem sehr zeitigen Austrieb, der dann durch Spätfröste gefährdet ist. Geschützte Westlagen sind für wärmeliebende Arten am günstigsten.
Zum Winterschutz bei Rosen und Clematis siehe Seiten 25 und 30.

Krankheits- und Schädlingsvorsorge

Krankheiten und Schädlinge werden weitgehend vermieden, wenn für den gegebenen Standort die richtige Pflanzenauswahl getroffen wird. Die pflanzengerechte Vorbereitung und Pflege der Pflanzstelle trägt ebenfalls dazu bei, die Pflanze gesund zu erhalten. Ein Hauptanliegen des vorliegenden Buches ist es, hierfür Hilfestellungen zu geben. Für den speziellen Fall kann man sich in der Baumschule oder von einem Gartenarchitekten beraten lassen.
Einige Kletterpflanzen weisen eine erhöhte Anfälligkeit für Krankheiten und Schädlinge auf, allen voran die Kletterrose. Hier ist eine wohlüberlegte Sorten- und Standortwahl besonders wichtig. Näheres findet sich ab Seite 23.
Witterungs- und jahreszeitenbedingt können an verschiedenen Kletterpflanzen Krankheiten und Schädlinge auftauchen, die in einem gewissen Rahmen durchaus tolerierbar sind. Blattläuse werden z. B. von vielen Kletterpflanzen ohne größere Schäden ertragen. Teilweise stellen sich Nützlinge ein, die den Befall reduzieren. Befriedigt eine Pflanze über mehrere Jahre nicht, sollte sie ausgetauscht werden.
Chemische Pflanzenschutzmittel sind im Hausgartenbereich aus ökologischer Sicht abzulehnen. Biologische oder bienenfreundliche Mittel wirken gegen Pilzbefall ausschließlich vorbeugend. Gegen tierische Schädlinge können diese eine weniger „ätzende“ Alternative sein. Selbst hergestellte, biologische Mittel, wie Schachtelhalmbrühe (gegen Rost) oder Brennnesseljauche (gegen Läuse), sind mit einem relativ hohen Aufwand verbunden und wirken ebenfalls hauptsächlich vorbeugend.

Bezugsquellen

Spezialbaumschulen Kletterpflanzen
Münster Baumschulen
Bullendorf 19–20
25335 Altenmoor bei Elmshorn

Pieter Zwijnenburg Jr.
Halve Raak 18
2771 AD Boskoop
Holland

Ingwer J. Jensen GmbH
Am Schlosspark 2 b
24960 Glücksburg
➔ insbesondere Rosen, Clematis und Efeu

Abtei Neuburg,
Stiftweg 2
69118 Heidelberg
➔ Efeu

F. M. Westphal
Peiner Hof
25497 Prisdorf
➔ Clematis

W. Kordes' Söhne
25365 Klein Offenseth-Sparrieshoop
➔ Rosen

Strobel & Co.
Wedeler Weg 62
25421 Pinneberg
➔ Rosen

Klettergerüste
Adronit GmbH & Co.
Oberwengerner Str. 204
58300 Wetter (Ruhr)
➔ Zäune, Rankgitter und -balken

Böcker KG
Eichbornweg 2
51545 Waldbröl
➔ Pavillons und Rankgerüste

Thomas Brandmeier Begrünungssysteme GmbH
Möndenweg 60
79594 Inzlingen
➔ Seilsysteme und Gerüste aus GFK-Profilen

Thorwald Brandwein
Heerstr. 70
53894 Mechernich
➔ Seilsysteme und Gerüste aus GFK-Profilen

Brügmann TraumGarten GmbH
Kanalstraße 80
44147 Dortmund
➔ Zäune und Holzelemente

Draht-Christ GmbH & Co.
Postfach 410110
68275 Mannheim
➔ Rankgitter und -balken

Heinrich Fehr Stahl- und Leichtmetallbau
In der Bau 15
34388 Trendelburg
➔ Rankgitter und -seile

Hölscher + Leuschner
Siemensstraße 15
48488 Emsbüren
➔ Pavillons und Teehäuser

Dr. Jürges
Eckenhagenerstraße 9 a
51580 Reichshof-Allenbach
➔ Seilsysteme

K. Kalle Metallwarenfabrik
Rehbecke 1
58091 Hagen-Priorei
➔ Zäune, Rankgitter und -balken

Legi GmbH
Im Meerfeld 83–89
47445 Moers
➔ Zäune, Rankgitter und -balken

Noller Gartendesign
Gartenstraße 5
74427 Fichtenberg
➔ Pavillons

OSMO GARD, Ostermann & Scheiwe GmbH & Co. KG
Hafenweg 31
48155 Münster
➔ Zäune und Holzelemente

Peters + Peters GmbH
Boschstraße 7
24568 Kaltenkirchen
➔ Zäune und Holzelemente

Plus Garden System A/S
Box 305
DK-6600 Vejen
Dänemark
➔ Zäune und Holzelemente

Projekt W, Systeme aus Stahl GmbH
Geseker Straße 36
33154 Salzkotten
➔ Zäune, Rankgitter und -balken

Erich Scheerer GmbH
29365 Sprakensehl-Behren
➔ Zäune und Holzelemente

Jos. Schwaiger's Wwe. GmbH
Postfach 810920
81909 München
➔ Seilsysteme

Sieben Eujen GmbH & Co. KG
Hinter dem Rahmen 6
26721 Emden
➔ Pavillons und Teehäuser

Paul Wolff GmbH & Co. KG
Monschauer Straße 22
41068 Mönchengladbach
➔ Rankgitter und -balken

Literaturverzeichnis

ALTHAUS, C. (1996): Voraussetzungen erfolgreicher Fassadenbegrünung I, Gerüstkletterpflanzen. Gartenpraxis 22, 3, 42–45.

ALTHAUS, C. (1996): Voraussetzungen erfolgreicher Fassadenbegrünung II, Selbstklimmer. Gartenpraxis 22, 4, 24–29.

BÄRTELS, A. (1996): Schöne Clematis. Verlag Eugen Ulmer, Stuttgart.

BÄRTELS, A. (1997): Reben als Ziergehölze. Gartenpraxis 23, 1, 22–28.

BAUMANN, R., I. EBNER-BAUMANN, K. LUDWIG (1985): Begrünte Architektur: Bauen und Gestalten mit Kletterpflanzen. Callwey Verlag, München.

BdB (Hrsg.) (1990): Handbuch, Teil 1, Laubgehölze. Verlagsgesellschaft „Grün ist Leben“ mbH, Pinneberg.

CALLAUCH, R. (1995): Schöne Kletterpflanzen. Verlag Eugen Ulmer, Stuttgart.

Forschungsgesellschaft Landesentwicklung Landschaftsbau e.V. – FLL (Hrsg.) (1995): Richtlinien für die Planung, Ausführung und Pflege von Fassadenbegrünungen mit Kletterpflanzen. Troisdorf.

GRAEBER,T., W. BETZ-SCHIEL (1989): Schöne Terrassen und Sitzplätze. Verlag Eugen Ulmer, Stuttgart.

GREY-WILSON, C., V. MATTHEWS (1998): Gärtnern mit Kletterpflanzen. Christian Verlag, München.

HAENCHEN, E. (1998): Die richtigen Rosen für meinen Garten. Verlag Eugen Ulmer, Stuttgart.

HEIEK, I.(1992): Schöne Efeus. Verlag Eugen Ulmer, Stuttgart.

HOFF, M., A. NIEMEYER-LÜLLWITZ (1994): Das Gartenbuch für Städter. Naturbuch Verlag, Augsburg.

HÖRSCH, W. (1994): *Clematis viticella* und ihre Sorten. Gartenpraxis 20, 6, 15–19.

KIERMEIER, P., C. ALTHAUS, E. SCHUPPLER (1991): Empfehlungen zur Fassadenbegrünung an öffentlichen Bauwerken. i.A. des Ministers für Bauen und Wohnen des Landes Nordrhein-Westfalen.

KLEEBERG, J. (1995): Häuser begrünen: Grüne Wände und Fassaden. Verlag Eugen Ulmer, Stuttgart.

KÖHLER, M. (1993): Fassaden- und Dachbegrünung. Verlag Eugen Ulmer, Stuttgart.

KREUZER, J. (1995): Kreuzer's Gartenpflanzen-Lexikon: „Kurz und bündig“, Band 6, Rosen und Kletterpflanzen. Verlag Bernhard Thalacker, Braunschweig.

KRINNER, C. (1989): Begrünen von Haus und Balkon. Verlag Gräfe und Unzer, München.

LEHR, R. (1994): Taschenbuch für den Garten-, Landschafts- und Sportplatzbau. Blackwell Wissenschafts-Verlag, Berlin.

NIESEL, A. (Hrsg.) (1995): Bauen mit Grün. Blackwell Wissenschafts-Verlag, Berlin.

SPELLERBERG, B. (1997): *Euonymus fortunei* – eine Art mit großer Sortenvielfalt. Gartenpraxis 23, 5, 22–27.

VOTTELER, W. (1990): Sommerblumen für Garten und Balkon. Obst- und Gartenbauverlag des Bayerischen Landesverbandes für Gartenbau und Landespflege, München.

WOESSNER, D. (1994): Unentbehrliche Kletterrosen. Gartenpraxis 20, 6, 8–13.

ZANDER, R. (1994): Handwörterbuch der Pflanzennamen / Zander. Encke, Fritz (Bearb.). Verlag Eugen Ulmer, Stuttgart.

Register

Sternchen verweisen auf Abbildungen.

Pflanzennamen

(Die botanischen Namen und ihre deutschen Bedeutungen sind auch den Tabellen auf den Seiten 19 ff., 31 und 36 f. zu entnehmen.)

Sachbegriffe

Bildquellen

Ellen Fischer, Weisenheim: Seite 24
Ernst Halwaß, Nossen: Umschlag (kleines Bild Mitte)
Frank Hecker, Panten Hammer: Umschlag (kleines Foto oben)
Peter Himmelhuber, Regensburg: Seite 50, 65, 70 (3), 71 (2)
Wolfgang Redeleit, Bienenbüttel: Seite 57, 59, 90, 79
Hans Reinhard, Heiligkreuzsteinach: Seite 8, 12, 15, 16, 18, 22, 34, 35, 38, 39, 41, 61 oben, 73, 75 links, 89
Nils Reinhard, Heiligkreuzsteinach: Umschlag (Rückseite)
Friedrich Strauß, Au/Hallertau: Umschlag (großes Foto)
OSMO GARD, Münster: Seite 76 oben (2), Mitte (2), unten rechts, 77 oben
Plus Garden System A/S, Vejen (Dänemark): Seite 46, 78, 81

Alle übrigen Fotos stammen von der Autorin.

Die Zeichnungen fertigte Ernst Halwaß, Nossen, nach Vorlagen der Autorin bzw. der angegebenen Firmen und Literaturquellen an.

Impressum

Die Deutsche Bibliothek – CIP-Einheitsaufnahme

Ein Titeldatensatz für diese Publikation ist bei Der Deutschen Bibliothek erhältlich.

ISBN 3-8001-3132-3 (Deutschland)
ISBN 3-7040-1828-7 (Österreich)

Lektorat: Dr. Angelika Eckhard, Birgit Schüller
Herstellung & DTP: Thomas Eisele
Repro: BRK, Stuttgart
Druck: Appl, Wemding
Printed in Germany

Noch mehr Literaturempfehlungen.

Dieses umfassende Gartenbuch beantwortet kompetent alle Fragen: Wie plane ich meinen Garten richtig? Wie wird der Boden vorbereitet? Wie funktioniert das mit dem Düngen, dem Mulchen, dem Kompost? Wie wird gepflanzt, gepflegt, geschnitten? Wie schütze ich Pflanzen vor Krankheiten? Wie lege ich einen Rasen an, eine Blumenwiese, ein Blumenbeet? Welche Kübelpflanzen eignen sich für meine Terrasse? Wie lassen sich Pflanzen überwintern? ... und 1000 Antworten mehr. Dazu: Die schönsten Pflanzen aller Art im Überblick.
Das Ulmer Gartenbuch. *W. Kawollek. 2001. Etwa 720 Seiten, über 1000 Farbabbildungen. ISBN 3-8001-6684-4.*

Was Sie bei der Pflanzung einer Hecke beachten müssen, wie Sie die Pflanzen im Laufe des Jahres pflegen sollten und welche Arten auf welchem Standort optimal gedeihen, erfahren Sie in diesem Ratgeber. In anschaulichen Schritt-für-Schritt-Anleitungen wird jeder Handgriff erklärt, der für den zukünftigen Heckenbesitzer wichtig ist.
Bunte Hecken und grüne Grenzen. *G. Dietrich u.a. 2000. 96 S., 91 Farbf. ISBN 3-8001-3136-6.*

Der Name des Autors und die beeindruckende Zahl von nahezu 200 beschriebenen Arten und Sorten haben dieses Buch längst zu einem Standardwerk gemacht. In der erweiterten Neuauflage werden einige zusätzliche Arten und zahlreiche großblumige Sorten vorgestellt, die in den letzten Jahren neu in die Baumschulen kamen. Die Nomenklatur folgt dem Clematis-Index von 1991.
Clematis. *Kletterpflanzen für jeden Garten. A. Bärtels. 3. Auflage 1999. 128 Seiten, 116 Farbfotos, 7 Zeichnungen. ISBN 3-8001-6686-0.*

Das Buch zeigt, dass nicht unbedingt teure Systeme nötig sind, sondern mit relativ einfachen Mitteln auch kleine Dachflächen wie Garagen und Nebengebäude begrünt werden können. Inhaltlich schließt es die Lücke zwischen Extensiv- und Intensivbegrünungen, indem es die „naturnahe Begrünung" mit heimischen Pflanzen und differenziertem Substrataufbau favorisiert. Schritt für Schritt wird der Leser an realisierbare Lösungen herangeführt.
Dächer begrünen. *B. Kleinod. 2000. 94 S., 63 Farbfotos, 17 Zeichn. ISBN 3-8001-6689-5.*